아픈 것도 사역이다

아픈 것도 사역이다

최영훈

[첫 책장의 페이지를 넘기며]

천양희 시인의 「밥」이라는 시가 있습니다. 시인은 외로워서 밥을 많이 먹고 권태로워 잠을 많이 자고 슬퍼서 많이 울던 우리에게 '궁지에 몰린 마음을 밥처럼 씹어라. 어차피 삶은 너가 소화해야 할 것이니까' 라고 말합니다. 그 시를 정끝별 시인은 이렇게 해석합니다. '꼭꼭 씹어 소화시킨 외로움이나 권태나 슬픔은 더 이상 외로움이나 권태나 슬픔이 아닙니다. 잘 씹어 소화시킨 밥이 더 이상 밥이 아니듯 말입니다.'

저 시가 꼭 제 마음과 같았습니다. 저와 우리 가족과 사랑하는 성도님들이 맞닥뜨린 남편의 투병과 떠나보냄의 과정은 어쩌면 숨을 곳도 도망칠 여유도 없이 벼랑 끝에서 무방비 상태로 맞이한 현실이었습니다. 모든 것이 낯선 처음. 하지만 감내해야만 하는 현실. 서로의 사랑과 섬김으로

2년여의 세월을 견디며 잘 '이별'하기는 했으나 문제는 그 다음이었습니다. 일상으로의 복귀가 쉽지 않은 '회복'이 필요한 우리. 신앙인으로서 저 천국에 대한 소망이 있긴 하지만 상실감을 안고 이 땅에 남겨진 저와 우리 아이들. 엄밀히 말하면 모두가 유추하듯 짝꿍을 잃은 저 자신의 회복이 제일 큰 문제였습니다.

그 회복을 온전히 잘하기 위해 저는 남편이 투병했던 지난 2년여간의 날들을 글로 남기기로 결심했습니다. 아픔을 회피하고 외면하는 것은 잘 씹어 소화 시킨 밥이 되지 않을 것이기에 두고두고 저를 괴롭힐 것 같았기 때문입니다. 다행히 간간이 일상을 글로 남겨온 습관으로 뼈대가 되는 글감은 있었지만 글을 쓰려면 그간의 일기를 다시 들여다봐야 하고, 당시에는 글을 자주 남길 수 없는 상황이어서 글을 첨가하기 위해서는 과거로 거슬러 올라가 아픈 기억들을 소환해 내야 했습니다. 역시 예상대로 글을 시작하기까지 5개월이라는 시간이 걸렸고, 책을 쓰기 시작했을 때는 그런 아픔 때문에 근 일주일 이상을 매일같이 울고, 마음 아픔이 몸이 아픈 것으로 드러나는 경험을 해야 했습니다. 하지만 아픔을 자꾸 대할수록 담담해져 가는 저를 발견하기도 했습니다. 회복의 시작이었습니다.

책에는 그동안 블로그를 통해 공개했던 글들 외에 당시 쓰지 못했던 기억의 소환을 통한 여러 글이 첨가되었고, 남편의 한 달 일기 중 몇 가지만 추려서 덧붙였습니다. 극도로 아팠던 남편이기에 긴 시간 멋진 미사여구로 쓰진 못했으나 남편을 기억하고 싶은 마음에 담았습니다. 일기 형태인 저의 글은 매번 글 말미에 신앙인으로서 '나의 하나님께' 기도하거나 대화하는 형식으로 마치고 있습니다. 그리고 저처럼 남겨진 사람들을 위해 회복으로 가는 일상의 작은 과정들도 담았습니다.

저는 전문 작가도 아니고 제 글이 훌륭한 기존 작가들의 작품에 비하면 정말 송구하기 짝이 없지만 이 책을 내게 된 이유를 들자면 작게는 저와 아이들에게 놓인 상실감에 대한 온전한 회복을 위해, 다음은 아직 이르다면 이른 생을 살다 간 목사로서의 남편에 대한 예우와 사랑하는 아이오와 은혜교회 성도님들께 드리는 헌정의 의미로, 그리고 마지막은 이 책을 통해 위로와 힘을 얻게 될 어떤 이들에게 제가 사랑하는 하나님을 말하고 그 은혜를 증거하기 위해 세상에 내놓게 된 것임을 수줍게 고백합니다.

66

남편이 이런 고백을 했다.
"목사는 아픈 것도 사역인가 보다!"
건강해서 열심히 뛸 때는 부흥이 저 멀리 있는 것
같더니 목사의 투병으로 온전한 사역을 감당하지
못하고 있는 이때 오히려 기도의 불길이 타오르고,
교회 적재적소에 헌신자들이 세워지고, 부흥을 이루
어 가는 것을 보면서 고백한 말이다.

99

본문 '아픈 것도 사역이다' 중에서

차례

2부 회복

1부

아픈 것도 사역이다

피할 길

사람이 감당할 시험 밖에는 너희에게 당한 것이 없나니 오직 하나님은 미쁘사 너희가 감당치 못할 시험 당함을 허락지 아니하시고 시험 당할 즈음에 또한 피할 길을 내사 너희로 능히 감당하게 하시느니라 (고전 10:13)

남편은 작년 10월 초부터 아픔을 호소하기 시작했고 그해 12월 10일 췌장암이라는 진단을 받았다. 술도 담배도 안 하는 목사인 데다 고기나 튀김도 즐겨 하지 않는 남편이 왜…?

누군가 그랬다. '애간장' 이라고. 이민목회 개척교회 시절 남편은 사역의 현장에서 애간장이 다 녹아내리도록 힘들었었나 보다.

남편은 결혼 전부터 하나님께서 허락하신다면 교회 개척을 꼭 해 보고 싶다고 했었다. '사역의 꽃은 개척' 이라면서.

모든 개척이 다 어렵겠지만 특히나 우리의 개척은 매우 어려운 시작이었다. '개척자의 예의'라고 생각해 우리는 부교역자로 지내면서 익숙하고 정들었던 지역을 떠나 아는 사람이 없는 낯선 곳으로 갔고, 교회를 함께 세워갈 사람도 장소도 재정적인 지원을 해주는 곳도 하나 없이 가족만 덩그러니 그렇게 월세 아파트에서 시작했다.

수평 이동(기존 신자가 이 교회에서 저 교회로 옮겨가는 현상)도 원하지 않아 교회를 다니지 않는 사람들을 대상으로만 전도했고, 그나마 이사를 오게 돼서 만난 기존 신자들마저도 개척교회의 척박함을 이겨내지 못하고 교회를 떠나면서 도미노 현상(하나가 쓰러지면 순차적으로 다 쓰러지는)이 일어나 결국엔 개척한 교회의 문을 닫는 아픔을 겪어야 했다. 그 당시 남편은 내게 이런 말을 했었다. 마치 의사가 아픈 자식을 둔 아빠에게,

"이젠 호흡기를 떼셔야 합니다"

라고 하는데 자신이 그 호흡기를 떼어야 하는 아빠의 심정이라고.

교회 문을 닫는 날, 아무도 도와줄 사람이 없어 남편과 아이들과 함께 교회 비품들을 정리해 집으로 돌아오는데 비는 또 왜 그렇게 부슬부슬 내리는지….

가슴 저미도록 아픈 기억이다. 남편은 그런 모든 아픔이 애간장으로 몸속에 자리하고 있었나 보다. 그 후 남편은

2016년 사역자가 필요하다는 아이오와 은혜교회로 오게
되었고 사역 5년을 채우고 병을 진단받은 것이다.

#1. 너희가 감당하지 못할 시험당함을 허락지 아니하시
고

언니에게 전화를 걸었다.

"언니, 나는 전형적인 막내에다 독립적이지 못하고 겁도
눈물도 많은 사람인데 나에게 왜 이런 일이 생겼을까?"

"우리 생각은 그럴지라도 하나님은 네가 그걸 감당할 수
있는 사람이라고 여기시나 봐."

언니는 그렇게 말했다.

그래, 언니 말이 맞나 보다. 해보자.

#2. 피할 길

- 가정: 돌봄이 필요한 어린아이들이 집에 없다. 큰아이
는 독립해서 직장에 다니고 있고 작은아이는 대학발표를
기다리는 상황이니 이만하면 피할 길은 주신 셈이다.

- 교회: 남편 부임 6년 차. 팬데믹에도 불구하고 교회와
사택 융자를 다 갚고 3개월 전, 작년 10월 초에 창립 20주
년 감사예배를 잘 마쳤다. 염원하던 교회학교가 세워졌고
올해부터는 나를 대신할 일꾼이 맡아서 헌신해 주고 있다.
대학 캠퍼스 사역의 지경도 넓어졌다. 사랑하는 성도님들

이 눈물의 기도를 드리며 우리 가정의 기도 제목을 '교회 공동체를 향한 하나님의 뜻'으로 끌어안았다. 이 또한 피할 길이다.

- 친정: 목사인 형부와 언니 부부가 한 달 반 정도 우리를 도우며 안식월 휴가를 이곳에서 보낼 수 있을 것 같다. 이 것도 기가 막힌 타이밍의 피할 길이다.

- 중보기도: 우리 가정을 위해 기도하면서 관계가 소원했던 막힌 담이 허물어졌다는 소식부터 한국과 미국 여기저기에서 특별 기도회, 작정 기도회, 새벽 기도회, 철야 기도회, 매일 저녁기도회가 일어나고 있다고 했다. 우리 교회는 매일 밤 10시 기도회와 토요기도회를 하고 있다. 어떤 집사님은 밤 10시에 교회에 들러 기도하고 오시는 분도 계시고, 어느 여집사님은 기도하지 않는 본인의 남편이 울면서 기도하기 시작했다는 말씀도 해주셨다. 사랑하는 이들의 중보기도는 피할 길 중의 가장 큰 피할 길이 아닐 수 없다.

- 목사의 어머니: 더없는 은혜를 받고 계시다면서 나보다 더 담대한 어머니.

"주의 종들은 가슴 속에 저마다의 불이 있는데 이제 하나님이 그 성령의 불을 우리 가정과 교회에 지피려고 하시는가 보다"

라고 말씀하셨다. 주의 종의 어머니로서 더 기도하지 못한 것을 회개하셨다고 했다. 어머니의 담대함 역시 피할 길인가 보다.

　언젠가 남편이 이런 설교를 했었다. 여행을 가기 위해 책상에 앉아서 지도를 펴 놓고 가는 길을 머리로만 살펴보는 것과 직접 여행길에 올라서 길을 잃어 헤매어도 보고, 눈도 만나고, 비도 만나면서 그 길을 가보는 것과는 정말 큰 차이가 있다는 내용이었다.

　이민교회 개척 초반, 사랑하는 아버님과 이별을 앞두고 신분이 해결되지 않아 임종도 지키지 못하고 장례식도 참석하지 못했던 남편이 나에게 이런 말을 했었다.

　"이제 하나님이 주시는 훈장 두 개를 받은 것 같다."

　유독 신분의 아픔이 있었던 우리 가족인지라 신분 문제로 아픔을 겪고 있는 이민자가 되어본 것 그리고 신분 때문에 부모님을 여의고도 가보지 못한 사람들과 같은 처지가 됐으니 이제 비로소 그들을 위로할 수 있는 목사가 되었다면서.

　그럼 이젠 아픈 사람들을 위로할 수 있는 목사가 되었으니 훈장 하나를 더 달은 셈인 건가?

　주여, 주여!
　저는 주님만 믿고 따라갑니다.
　주님이 하시옵소서!

모든 것이 낯선 처음

2022년 1월 17일 월요일 – 1월 20일 목요일

암이라는 말은 입에 올리기도 싫었고, 꿈이었으면 하고 바라기도 했고, 아니라고 우겨보고 싶은 마음도 있었다. 하지만 그것은 받아들여야 하는 '현실'이었다.

처음 방문한 암센터는 제법 큰 대기실인데도 의자가 꽉 찰 만큼 많은 사람이 있어서 적잖이 놀랐다. 거의 모두 할아버지 할머니들이고 우리 남편만 젊다.

"여보, 저분들만큼은 살다가 걸렸어야지요."

떼써봤자 무슨 소용이랴!

'주여, 이 상황을 빨리 받아들이게 해주세요!'

기도만 나왔다.

#1. 월요일, 포트를 심다

(케모포트 Chemoport: 채혈과 항암제 약물 주입을 위해 삽입된 중심정맥관)

새벽 5시 30분. 이제 시작될 항암 치료를 위해 포트를 심으러 병원에 갔다. 말 그대로 몸속에 심는 것이었다. 흙 속에 꽃을 심는 것도 아니고… 아니, 하나님이 흙으로 사람을 지으셨으니 포트도 심을 수 있는 건가 보다. 시술이 끝나자 그동안의 피로와 긴장이 몰려와 대기실에서 졸고 있는 나에게 수술 의사가 찾아와서 "잘 끝났다" 라고 말해주고 갔다.

지난 금요일부터 주일까지 남편의 통증이 극심해져 둘이 거의 날밤을 새웠었다. 복부와 허리, 등 통증이 심한 남편은 똑바로 누워 잠을 잘 수가 없다. 남편은 새우처럼 등을 구부리고 다리를 오므린 채 옆으로 누워서 자신의 아픈 허리에 내 손을 대고 있어 달라고 부탁한다. 그러면 나도 옆으로 누워 한 손은 손바닥으로 또 다른 한 손은 손등으로 남편의 허리에 손을 대 준다.

둘이 한 방향으로 누워 한 사람이 다른 한 사람의 허리에 손을 대려면 팔의 각도가 불편하기 짝이 없다. 그런 자세로는 나도 잠을 잘 수가 없는 상황이다. 같이 잠 못 자고 힘들어하는 나에게 미안해하면서도 통증이 너무 극심하니 자꾸만 손을 대고 있어 달라고 부탁하는 남편. 사람의 손이 닿으면 그나마 조금 낫다면서 부탁하는 남편을 나도 외면할 수가 없어 손을 대준다. 그러나 그렇게 잠시 누웠다가도 남편은 통증을 견디다 못해 곧바로 일어나기가 일쑤였고 수시로 거실에 나가 밤새워 기도하기도 했다. 그런 남편이 안쓰럽고 나 혼자만 잠드는 것이 미안해서 나도 같이 거실에 나가 기도하며 밤을 지새운다.

거실에 나가 앉아있을 때도 남편이 등받이 없는 키 작은 의자에 방석 두 개를 깔고 앉으면 나는 남편의 뒤쪽으로 거실 바닥에 앉아 내 손을 허리에 대주고 몇 시간씩 있어 준다. 그러면서 나는 내내 기도를 하는데 기도 때문인지 아니면 오랜 시간 피부를 밀착한 채 손을 대고 있어서인지 손바닥에서 불이 나는 것처럼 내 손이 뜨겁다. 어떤 때는 따갑게 느껴지기까지 했다.

남편은 기도할 때도 무릎을 꿇고 한없이 낮은 자세로 기도한다. 수시로 취하는 그 자세에 무릎까지 문제가 생길까 싶어 내가 제발 소파에 앉아서 기도하라고 만류하면 그 자세를 해야 제일 통증이 덜하다고 대답하는 남편.

'도대체 췌장암은 주님 앞에 납작 엎드려야 하는 목사에게 어울리는 병이야, 뭐야!'

이러지도 저러지도 못하는 나는 정말 울고 싶다.

#2. 화요일, 남편의 첫 항암치료

항암치료센터에 비교적 젊어 보이는 어리바리한 두 신입생 등장. 그런데 우리 외에는 어딘지 익숙해 보이고 여유 있어 보이는 선배님들과 그 가족들이다. 암을 진단받고 약

40일 만에 받게 된 첫 항암치료. 그동안 극심한 통증으로 잠도 못 자고 시달려 온지라 이 얼마나 기다려온 날인지… 그래도 이건 치료니까.

앗! 우리가 막내인 줄 알았더니 건장하고 잘생긴 20대 청년 발견. 눈물이 핑 돌았다.

'주님, 저 청년 꼭 치유 받고 예쁜 아가씨도 만나서 연애도 하고 결혼도 해서 아들, 딸 낳고 잘 살 수 있게 해주세요!'

처음 보는 청년이지만 안타까움에 기도가 나왔다. 이윽고 남편의 항암 치료가 시작되었다. 몸속에 심은 포트를 통해 총 세 가지 주사약을 투여하는데 두 가지는 6시간 동안 병원에서 맞고, 나머지 한 가지는 병원을 나가 48시간 동안 약을 넣어주는 기계를 차고 다니면서 맞는 거라고 했다. 약을 투여하는 동안 얼굴과 입술이 핏기 없이 하얘지고 혀가 굳으면서 발음이 안 되고 말을 제대로 하지 못하는 부작용이 잠시 왔었다.

무서웠다. 모든 것이 낯설고, 모든 것이 당황스럽고, 모든 것이 어색하고 아직은 슬픈 우리 부부. 차차 익숙해지겠지.

#3. 수요일, 통증을 줄여주는 주사

요즘은 의도치 않아도 저절로 두 끼 금식의 연속이다. 통증을 줄여주는 주사라고 해서 간단하게 한 방 맞고 가는 것인 줄 알았더니 기다리는 데만 두 시간, 허리를 통해 두 군데 주입하는 주사는 거의 한 시간쯤 지속하였고, 출혈과 저혈압 부작용이 있을지 몰라 세 시간 이상 병원에서 관찰을 받아야 했다.

남편이 원래 살집이 없는 편이긴 하지만 그래도 나보다는 늘 체중이 더 나가는 사람이었는데 요즘 내가 덩달아 살이 빠지지 않았다면 남편이 내 몸무게보다 더 가벼워지는 일이 일어날 뻔했다.

#4. 목요일, 전이 여부를 위한 전신스캔

남편의 머리를 감겨줬다. 영화나 드라마에 나오듯 로맨틱한 광경이면 얼마나 좋았으랴! 월요일부터 시작된 병원 치료 때문에 금식과 항암 치료가 계속되고 있는 데다 어깨에 심어 놓은 포트와 항암 약 투여 기계로 인해 샤워를 못 하고 있어 엉겨 붙은 머리를 감겨주는 광경이다. 내가 임신 막달일 때 남산만 하게 나온 배로 허리를 굽히지 못해서 머리 좀 감겨 달라고 했을 때는 안해주더니….

그래도 주님, 다 괜찮습니다. 부부로 살면서 서운하고 따지고 싶었던 일들이 많이 있었지만 그런 것 이제는 하나도 중요하지 않아요. 남편이 나을 수만 있다면 다 해주겠습니다. 주님 손에 맡깁니다!

사랑의 파도가 슬픔을 덮었다

2022년 1월 29일 토요일

#1. 사랑한다는 말

요즘 내가 가장 많이 듣는 말은 '사랑해, 사랑해요, 사랑합니다'이다. 우리 가정이 맞닥뜨린 아픔에 많은 사람이 사랑의 메시지를 보내주거나 사랑한다고 말해준다. 내게 정말 큰 위로가 되고 있다. 나는 얼마나 사랑한다고 말하며 살았나 돌아봤다.

#2. 세 번의 허그

우리 남편에 대한 안부를 묻는 주산 클래스 아이의 엄마에게 남편의 상황을 얘기해 줬다. 나는 개척교회 시절부터 12년이 넘도록 이민 사회에서 주산 클래스를 운영해왔는데 아이오와에 와서 만난 그 엄마는 우리 교회에 두 번 나왔고 나보다 열 살 어리다. 얘기를 듣자마자 눈물을 뚝뚝 흘리더니 나한테 허그를 해줬다. 손끝으로 눈물을 닦으면서 도서관에서 나갈 때도 해줬다. 주차장에서 헤어질 때도 허그를 해줬는데 나에게는 그게 너무 위로가 되었다. 나보다 키도 커서 폭 안기는 느낌이 왠지 더욱 위로받는 그런 기분이 들었다. 그녀의 인품과 마음을 알기 때문에 더 그랬겠지.

#3. 뜻밖의 선물

나는 친구가 별로 없다. 결혼 전 내가 사모가 되기 전에 만났던 친구(그녀도 사모가 되었다)와 결혼 후 사모가 돼서 만난 성도(권사가 되었다고 한다) 둘 다 동갑인데 이 둘은 언젠가는 꼭 다시 만나고 싶었다.

지난주일 남편이 자기 평생에 아파서 주일 빠져본 건 처음이라고 한 슬픈 그 날, 아침에 일어나보니 두 사람으로부터 동시에 메시지가 와 있었다. 너무 반가웠다. 알음알음 남편의 상황을 전해 듣고 연락을 해 온 것이었다.

남편에게 당신 덕분에 받은 선물이라고 말해줬다. 두 친구 모두 한국에 있는 관계로 우리는 시간을 맞춰서 실로 오랜만에 긴긴 통화를 했다.

#4. 가족의 또 다른 이름, 교회

교회에서 안식년을 주셨다. 사역자라고는 남편밖에 없는 교회에서. 기간은 남편이 치유 받고 돌아와 설교 강단에 설

수 있을 때까지라고 하셨다. 그리고 성도님들의 기도. 매일 밤 10시 나는 늘 그분들의 기도 때문에 눈물로 내 기도를 시작하곤 한다.

성도님들 섬김 또한 가히 말로 다 늘어놓을 수 없을 만큼 헌신적이다. 남편이 췌장암 환자라서 음식을 잘 먹지 못하는 것도 있지만 대부분의 항암 환자는 독한 항암 약 때문에 오심과 구토와 여러 부작용으로 인해 먹거리가 항상 문제다.

그런데 이곳에는 나를 도와주고 교대를 해줄 만한 가족이 가까이에 없고, 게다가 우리가 사는 곳은 한식당도 없고 근처에 한인 상점도 없는 눈 많고 추운 곳이라서 어떻게 치료받고 간병하느냐고 많은 사람이 나를 걱정한다. 하지만 사랑하는 성도님들이 이곳저곳에서 이 모양 저 모양으로 해다 주시는 음식으로 솔직히 말해 나는 매우 수월하다. 더구나 그 음식은 성도님들이 손수 만들고 기도한 음식이기에 더욱 값지다.

요즘 우리 교회의 모습을 설명하자면 '투병하는 목사는 먹는 것이 사역'이고, '성도님들은 목사님 먹이는 것이 사명'인 것 같다. 내가 그분들을 더 많이 사랑했어야 했다. 앞으로 주님께서 이 사랑을 갚을 수 있도록 기회를 주시길 기도한다.

#5. 중보 기도자들

사랑하는 지인들만 아니라 미국 한국 할 것 없이 얼굴 한 번 본 적 없는 사람들까지 정말 많은 분이 우리를 위해 기도 해주고 계시다는 얘기를 들었다. 우리가 뭐길래….

이제보니 사역자로 사는 우리보다 믿음 좋고 기도 많이 하고 신실한 분들이 세상에는 정말 많다는 것을 알게 됐다.

이 사랑의 빚을 어쩐다지….

주여, 우리 남편의 이름을 부르며 기도할 때마다 저들의 기도 제목이 응답받는 역사가 일어나게 해주소서!

25주년 결혼기념일

2022년 2월 15일 화요일

오늘은 세 번째 항암 치료가 있는 날.

그 사이 남편은 머리카락과의 전쟁을 끝냈다. 항암 치료를 시작하고 정확히 2주일이 지나면서 주체할 수 없을 정도로 머리카락이 빠지기 시작했다. 남편의 당혹감은 이루 말할 수 없었겠지만 나는 그런 일로 센티해지고 싶지는 않았다. 치유와 회복보다 중요한 것은 없다고 되뇌며 마음을 다잡았다.

머리카락과의 전쟁으로 내가 해야 할 집안일이 너무 많아져서 머리를 미는 것이 어떨지 남편을 살짝 떠봤지만 아직 마음의 준비가 안됐는지 대답이 없는 남편. 그러다 지난 토요일 저녁 작은아이가 외출하고 없는 틈을 타 우리는 쉐이빙(Shaving: 암 환자들은 삭발을 이렇게 부른다고 한다)을 했다. 남편이 원해서 내가 해주었다. 그리고 미리 준비해 둔 항암 모자를 쓰기 시작했다.

오늘은 우리 부부 25주년 결혼기념일이기도 하다. 매년 결혼기념일을 이렇다 하게 챙기지는 않지만 25주년엔 은혼식을 기념해 가능하다면 언니네 부부와 미국 여행을 하고 싶었다. 그런데 그건 우리의 생각과 계획이었을 뿐 남편과 나는 지금 세 번째 항암 치료를 하러 와있다. 힘겹게 항암치료 중이던 남편이 갑자기 병실 창문 너머로 보이는 건너편 빌딩 꼭대기를 가리키더니,

"25주년 결혼기념일에는 당신이랑 저기서 저녁을 먹으려고 했는데…."

라고 미안함이 섞인 목소리로 말한다. 이벤트라고는 옆구리 찔러도 못 알아듣는 남편이 그런 생각을 해준 것만으로도 기쁘다고 말해줬다. 그리고 나는 정말 괜찮다. 내가 기다리는 것은 따로 있기 때문이다. 주님의 은혜로 우리 부부가 결혼 50주년 금혼식을 할 수 있게 되는 것. 2016년 잠깐 한국에 방문했을 때 친정 부모님 금혼식을 해 드리고 오면서 품게 된 마음이다. 나는 그것을 목표로 기다린다. 그래서 나는 오늘도 감상적이지 않을 거다.

주여, 제 배에 힘을 꼭 주고 다니게 해주세요. 그 힘이 풀어지면 무너질 것 같거든요.

소망을 바라봄으로 나아가게 해주세요.

My Friend

2022년 4월 6일 수요일

마이 프렌드는 남편의 종양 주치의가 남편을 부르는 말이다. 남편의 종양 주치의와 수술 의사는 모두 아시안이다. 백인이 약 93%에 달하고 아시안이 1%인 아이오와에서 말이다.

첫 항암 치료를 하기까지 우리는 40일을 기다리면서 남편을 담당하게 될 종양 주치의에 대해 기도해 왔었다. 의사를 처음 만났던 날, 우리를 앉혀놓고 부랴부랴 남편의 진료 기록을 살펴보는 것 같은 인상을 받은 나는 의사에 대한 약간의 불신을 느꼈다.

수술할 수 있기를 바랐던 우리에게 화학 항암요법을 먼저 하자는 그의 말에 수술 의사는 만나 봤는지, 남편 치료를 위한 담당자들과 충분한 상의 끝에 내놓은 최선의 결정인지 등등 궁금한 모든 것을 이것저것 물어봤다. 어떤 질문은 환자와 환자의 가족이 아직도 현실을 인정하고 싶지 않아 감정 섞어 우겨본 것도 있었을텐데 주치의는 그런 나를 따뜻하게 이해해 주면서 기다려주고 충분한 시간을 갖고 다 대답해 주었다.

한 시간이 넘도록 만남이 이어지고 있던 순간 드디어 내가 의사에 대해 기도했던 것과 똑같은 말이 그의 입에서 흘러나왔다.

"가족과도 같은 마음으로 제안하는 겁니다."

바로 그 말 '가족과도 같은 마음' 그 말이 그의 입에서 그대로 흘러나오자 마침내 그 의사와의 만남이 기도 응답이라는 생각이 들어 그제야 안도의 숨을 내쉬었다.

그는 남편이 목사라는 것을 알고 나서는 더욱 예우를 해주었다. 남편의 종양 주치의는 병원 스케줄로 자리를 비울 때면 간호사와 충분한 대화를 했음에도 화상통화를 하면서까지 남편을 만나줬고 중요한 결정을 할 때는 어김없이 한 시간 이상을 만나줬다.

두 달 정도 치료가 계속되던 어느 날 내가 면담 중에 눈물을 글썽이는 걸 보더니,

"당신의 남편이 아픈 것은 그의 잘못도 아니고 당신의 잘못도 아니고, 신만이 그 뜻을 아십니다."
라고 말하면서 나를 위로해 주었다. 내가 의사들을 위해 기도하고 있다고 말하면 본인도 우리를 위해 기도한다고 말해주었다.

종양 주치의는 파키스탄 사람이다. 남편이 의사에게 종교가 뭐냐고 물었더니 본인은 무슬림이라고 말하면서,

"그래도 우리가 하나님을 믿는 것은 같지 않나."

라고 대답했다. 그 이후로 그는 우리 남편을 '마이 프렌드'라고 부르기 시작했다.

남편의 종양 주치의는 내가 흔히 들어왔던 보통의 암센터 의사와는 조금 달랐다. 팬데믹의 상황에서도 만날 때마다 남편과 나에게 항상 악수를 청했다. 그리고 췌장에 좋다는 보조식품을 찾아와서 내게 컴퓨터로 보여주며 남편에게 먹여보라고 적어주기도 하고, 병원에서 권하는 화학 항암 요법을 거부하고 자연치유를 지향하는 사람들처럼 어떤 음식을 꾸준히 먹고 기적같이 나은 스승님에 대한 얘기를 들려주면서 그것도 먹여보라고 권하기도 했다. 대부분의 암센터 의사는 화학 항암요법을 방해한다는 이유로 보조식품이나 암에 좋다는 음식에 현혹되지 말 것을 당부하는데 말이다.

처음 병을 진단받았을 때 가족들은 치료를 위해 한국으로 들어오라고도 했고, 어떤 사람들은 좋은 보험을 갖고 있지 않으면 실력 있는 의사를 만날 수 없다고 얘기하면서 우리를 걱정했다. 하지만 우리는 우리의 사역 터전에서 사랑하는 성도님들과 함께 기도하면서 치료 받기로 결정했다.

다 괜찮다.

주님, 우리와 함께하시는 주님께서 모든 치료의 과정을 이끄실 줄 믿습니다. 그러니 저는 마음을 잘 다스리며 이 자리를 지키고자 해요.

선물

2022년 4월 13일 수요일

　남편과 나는 그것을 '선물'이라고 부르기로 했다. 형부와 언니는 서울에서 목회를 하고 있는데 언니 부부가 사역 10년 만에 안식월을 얻어 우리에게 와주었다. 5주 동안 함께 지내면서 형부는 우리 교회 주일 강단을 지켜주었고, 언니는 오롯이 집에만 머물면서 살림을 온전히 도맡아서 나를 도와주었다.

　도착한 날부터 음식을 해대고, 우리를 먹이고, 남편과 함께 항암 치료를 받고 돌아오면 집은 깨끗이 청소되어 있고 밥이 차려져 있었다. 전래동화에 나오는 '우렁각시가 다녀갔나?' 했다. 두 분은 그걸 사명이라 여기며 왔다지만 비싼 비행기 표 들여서 처음으로 오는 미국 여행인데 집에서만 지내다가 간다는 사실이 나는 여간 미안한 게 아니었다.

　남편과 언니는 고등학교 선후배, 교회 선후배 사이다. 남편도 언니를 누나라고 부른다. 언니는 나에게 엄마 같은 존재다.

신혼 시절 우리는 몇 년 동안 한집에서 살았다. 직장 생활을 하다가 사역자로의 부르심을 받은 형부는 직장을 그만두고 신학대학원에 입학해 남편과 같이 신학교에 다녔고, 우리는 한 교회에서 사역도 같이했다. 당시 언니와 나는 피아노 교습소를 하면서 신학을 공부하는 형부와 남편을 내조했었다.

이번 방문으로 남편은 언니를 통해 엄마에게 받아야 할 사랑을 듬뿍 받은 것 같다.

'낳은 엄마라도 이렇게 할 수 있을까?'

마음이야 어머님이 더 하시겠지만 이젠 연세가 있으시니 말이다. 남편이 먹고 싶은 음식을 얘기하면 언니가 다 해줬고, 시간만 나면 항암 치료에 지쳐 육신이 피곤한 남편을 수시로 주물러 주었다. 언니는 남편 혼자 두고 잠시 나갔다 오는 것조차 안 할 정도였고 둘이 자주 마음도 나누고 웃기도 했다.

그럼 이제 눈물 많은 내가 '언니와 헤어지면 어떻게 하나?' 나도 걱정됐고 성도님들도 많이들 걱정하셨지만 오늘 새벽 3시 반, 언니 부부를 공항에 내려주면서 나는 울지 않았다. 왜 그랬는지 나도 모른다. 그냥 이대로 감사하고 충분하다는 생각이 들었다. 하나님이 내 마음을 붙잡아 주셨나 보다. 헤어지기 얼마 전부터 계속 이런 생각을 했다.

'어쩌면 못 만날 수도 있었던 만남인데 하나님의 전적인 은혜로 주어진 시간이니 헤어지는 것으로 슬퍼하기보다 만나게 해주신 것에 감사하자.'

남편도 언니 부부와 함께한 이 시간을 선물이라고 생각하자고 했다. 그렇게 언니 부부의 방문은 우리에게 가장 어렵고 힘들 때 하나님이 보내주신 '선물'이 되었다. 5주 동안의 예배도 너무 은혜로웠고 남편도 5주 내내 힘을 내서 예배에 참석하고 힘을 얻었다.

"언니, 고마워! 사랑해!"

주님, 이제 다시 우리 가족만 남겨졌어요. 언제나 그렇듯 여전히 우리의 하나님이 우리와 함께하실 것이고 사랑하는 성도님들이 함께 하고 있으니 잘 걸어갈 수 있으리라 믿습니다.

산 위에 있는 동네가
숨기우지 못할 것이요

2022년 4월 21일 목요일

너희는 세상의 빛이라 산 위에 있는 동네가 숨기우지 못할 것이요 사람이 등불을 켜서 말 아래 두지 아니하고 등경 위에 두나니 이러므로 집안 모든 사람에게 비취느니라 이 같이 너희 빛을 사람 앞에 비취게 하여 저희로 너희 착한 행실을 보고 하늘에 계신 너희 아버지께 영광을 돌리게 하라 (마 5:14-16)

우리 교회가 미국 한인교회와 한국교회 목사님들, 성도님들 사이에서 '투병 중인 목사님께 안식년을 드리고 간절한 기도와 사랑으로 섬기는 교회'로 매우 회자되고 있음을 여기저기에서 전해 듣고 있다. 지난주 부활절 설교가 3일 만에 영상설교 조회수 400을 넘겼다. 아이오와 시골 마을에 있는 작은 교회에서 무슨 일이 일어난 것인지….

요즘은 우리 아이오와 은혜교회를 보면서 저 마태복음의

말씀이 많이 떠오른다. 아이오와의 작은 이민교회가 발하는 주님의 빛이 너무 빛나서 숨겨지지 않나 보다.

남편이 투병을 시작한 지 3개월 만에 지난주 주일 부활절 예배 강단에 섰다. 언니 부부가 방문하면서 주일예배에 나가기 시작하고 5주를 잘 견디어 내더니 주님의 은혜와 사랑하는 성도님들 그리고 중보기도 해주시는 분들의 기도에 힘입어 투병 이후 처음으로 부활절 예배 때 말씀을 잘 전했다. 우리와 성도님들에게는 더없이 감격스럽고 감사한 예배였다.

항암 스케줄은 2주일에 한 번씩이라 한 주는 항암을 하고 한 주는 쉬면서 몸을 회복한다. 원래는 항암을 쉬는 주간이 부활절이라 조금 더 회복된 상태로 말씀을 전할 수 있을 것이라고 생각했는데 혈소판 수치가 너무 좋지 않아 항암이 한 주 취소되면서 스케줄이 변경되는 바람에 항암 치료를 하고 강단에 서느라 더 많은 기도와 힘이 필요했다. 하지만 그럴수록 우리는 더욱 기도했고, 하나님은 힘을 주셨고, 은혜를 베푸셨고, 주님은 부활을 기념하는 오늘 은혜교회의 예배를 통해 영광을 받으셨다.

6년 전 남편이 아이오와에 부임할 때 어떤 분들은
"너무 시골인데 괜찮겠어?"
"사모님은 거기가 괜찮으시대?"
그렇게 물어보신 분들도 계셨고, 아이오와에서 목회해

보신 분들은 아이오와가 마치 선교지 같다고 말씀해 주신 분들도 계셨다.

담임목사는 투병으로 인해 안식년임에도 불구하고 교회는 매주 주일마다 예배드리는 인원이 늘어가고 사랑과 헌신이 넘쳐나고 있다. 하나님께서는 분명 우리 은혜교회와 남편을 통해 하나님의 나라와 의를 드러내실 줄 믿는다.

주님, 좋은 교회와 성도님들을 허락해 주셔서 감사드립니다. 주님만 홀로 영광 받으옵소서!

나를 붙들어 주는 세 마디의 말

2022년 5월 5일 목요일

　지금도 아무 때나 떠올리면 목소리의 톤까지 고스란히 기억되는 세 마디의 말이 있다.

　시어머니의 "걱정하지 마!"

　엄마의 "의심하지 마, 영훈아!"

　청년 시절 뜨겁게 교회에서 같이 신앙생활 했던 선배 언니에게 이렇게 힘들 때 언니가 있어서 좋다고 했더니 역시 그 언니다운 대답.

　"영훈아, 힘들 땐 하나님을 바라봐야지!"

　이 세 마디의 말이 계속 귓가에 울린다. 왜 그런지 나도 모르겠다. 두 엄마의 저 말씀은 다정한 말투임에도 불구하고 '믿어!' 라는 말보다 더 크고 강인한 울림으로 내게 다가온다. 오랜만에 연락된 선배 언니는 예나 지금이나 사람의 관계보다는 믿음에 대해 똑 부러지는 성품이라 좋다.

　남편의 투병이 시작되고 캄캄한 터널을 지나고 있는 내게 행여나 기운 잃고 힘들까 싶어 나를 사랑하는 사람들이 해 준 세 마디의 말이 나를 붙들어 주고 있다.

주님, 늘 평안 가운데 지내고 있다면 그건 거짓말이에요. 저는 시시때때로 제 마음 깊은 곳에서 믿음과 두려움이 싸우고 있는 것을 봅니다. 그러나 확실한 건 '주 없이 살 수 없다'는 것과 '주님이 제 마음을 붙잡아 주고 계시다'는 사실이에요.

감사드려요, 주님.

그대를 향한

2022년 5월 13일 금요일

아주 오랜만에 라디오에서 이 찬양을 들었다. 가사 한 구절 한 구절이 다 주옥같지만 내가 꽂힌 부분은 단연코 여기.

그대를 향한 나의 마음은
그대를 내게 허락한 '그분을 보게 하는 힘'
[꿈이 있는 자유 〈그대를 향한〉 찬양 가사 중]

사람의 맹세나 다짐은 영원하지 않더라!
하지만 세상의 수많은 커플이 이런 고백을 할 수 있다면 서로에게 영원한 사랑이 되겠지.
남편은 병을 진단받고 나서 나와 아이들에게 '미안하다'라는 말을 몇 번이나 했다.
그렇지! 감사하게도 많은 것을 가지고 누렸던 유복한 가정의 막내딸로 살아온 나의 처음 삶보다 결혼과 함께 시작된 나의 다음 삶은 내가 누려왔던 많은 것들을 포기해야 했고 참으로 쉽지 않았다.

　세상의 눈으로 남편을 바라본다면 호강 한번 제대로 못 시켜주다가 아직 한창 일할 나이에 병까지 얻었으니 눈물 질질 짜는 신파나 다름없을지도 모른다. 하지만 주님이 내게 허락하신 내 사랑의 선택을 영의 눈으로 본다면 남편과 함께 걷는 이 길을 통해 나는 나의 사랑하는 아이들을 선물로 받았으며, 개척교회 시절과 지금 투병의 시간을 보내면서 내가 많이 안다고 여겨왔던 '나의 하나님 그분을 다시 보게 되는 그런 새로운 삶'을 사는 중이다. 함께였기 때문에 기쁘고, 감사했고, 즐거웠으니 함께라서 받게 되는 고난과 슬픔도 당연히 감내해야지 뭐가 미안해….

　나는 늘 산처럼 나의 그늘이 되어줄 수 있는 남편상을 기대해 왔지만 약해질 대로 약해진 남편이 요즘은 나에게 많은 의지를 하고 있다. 가장 같이 있고 싶고 가장 위로가 되어주는 사람이 주님 다음으로 바로 '나'라고 말해준다. 독립적이었던 남편의 변한 모습을 대하면서 아내 없이 홀로 투병하다 먼저 떠난 고교 시절 친구가 생각나서 울었다. 그 친구 많이 쓸쓸하고 외로웠겠다.

　남편을 떠올릴 때면 내 머릿속에 제일 먼저 그려지는 남편의 모습은 책상 앞에 앉아서 책을 읽고 있는 모습이다. 항암 치료가 계속되고 있던 어떤 날, 아주 두꺼운 책을 펴

놓고 정자세로 앉아서 책을 읽는 모습을 흘끔 지켜보면서 나는 눈물이 글썽했었다. 아주 지극히 평범한 그 일상과 모습이 너무 좋아서 그랬다. 그날은 아마도 몸 상태가 괜찮았었나 보다. 그러나 대부분은 항암 치료로 인해 집중력이 저하돼서 책 보는 걸 무척 힘들어한다. 그런 남편을 위해 틈날 때마다 내가 옆에서 책을 읽어주곤 하는데 침대 옆에 의자를 두고 앉거나 나도 피곤한 날은 남편 옆에 누워서 읽어주기도 한다.

이 광경을 상상해 보라. 남편이 아프지 않고 우리도 여느 평범한 부부와 다르지 않았다면 그리 자주 연출됐을 법한 장면은 아니다. 힘겨운 상황이 가져다준 우리만의 '사랑의 시간'인 것이다.

5월 21일이 부부의 날이란다. 부부의 날이 아직 일주일쯤 남았으니 이 땅의 모든 커플이 더 늦기 전에 서로를 감사해하며 아름다운 시간을 보내길 바란다.

주님, 우리 부부도 오랫동안 함께 할 수 있도록 은혜 내려주세요. 주님께서 우리에게 맡겨주신 사명 감당하면서 아이들 결혼도 시키고 손주도 봐주고 그러면서 소박하게 살 수 있도록 말이죠.

목숨과도 같은 예배

2022년 5월 23일 월요일

남편이 가발을 쓰면 나는 남편의 눈썹을 그려준다. 독한 항암으로 머리카락에 이어 눈썹까지 빠지니 인상이 달라 보여서 주일 설교가 있는 날만 눈썹을 그려주고 있다. 눈썹이 사람의 얼굴에서 얼마나 뚜렷한 인상을 주는지 새삼 깨닫는다. 살이 많이 빠져서 마치 남의 옷을 빌려 입은 듯한 커다란 양복을 입고 집을 나서는 남편. 2주일에 한 번씩 맞이하는 우리 집 주일 아침 풍경이다.

가발을 처음 맞추던 날 가발을 써 보이며 나를 보고 어색한 미소를 짓던 남편의 얼굴을 잊을 수가 없다. 남편은 설교 강단에 서기 위해 가발을 쓰기로 결심하고 가발을 맞추었다.

지난 4월 17일 부활주일을 기점으로 남편은 항암을 하지 않는 주간에는 설교하고, 항암을 하는 주간에는 미리 찍어두었던 영상설교를 틀어놓고 성도님들과 함께 회중석에 앉아 예배에 참석하고 있다. 이젠 영상설교도 제법 익숙해져서 성도님들은 영상을 보며 "아멘"으로 화답도 잘하시고, 영상에서 남편이 찬송을 부르면 실제로 같이 따라부르기도 한다. 실시간으로 설교를 하지 않는데도 예배의 분위기가 참 좋다. 나는 그 모습이 그저 신기하고, 고맙고, 감사하다.

처음 설교 강단에 섰을 때는 몇몇 분들로부터,

"목사님이 말씀을 전하다가 쓰러지면 어떻게 하지?"

그런 조마조마한 마음들이 있었다는 말을 전해 들었다. 치료를 위해 교회에서 안식년을 주셨는데 공연히 예배에 나가서 성도님들 마음 쓰이게 하는 건 아닌지 나도 내심 걱정이 되었다. 그런데 지금은,

"저분이 아프신 분 맞나? 아니지!"

말씀을 전하는 남편을 보면서 자기도 모르게 혼자 스스로 묻고 답했다는 분도 계시고,

"청년의 목소리같이 힘이 넘쳐요."

"목사님이 교회에 나와 계시기만 해도 마음이 든든해요."

이러한 고백들이 들려온다.

그런데 영적 싸움인 걸까? 주일 아침에는 다른 날보다 더욱 복통이 찾아오곤 한다. 약해진 육신과 마음이 '이런데도 갈 수 있겠어? 해낼 수 있겠어?' 라고 유혹하듯 남편을 침상으로 끌어당기거나 화장실 전쟁을 치르게 만든다.

그래도 지지 않고 예배의 자리, 강단의 자리를 사수하기 위해 사력을 다하는 남편이 존경스럽다.

한국에 계시는 어머니는 교회에서 안식년을 주셨을 때부터 교회에 감사한 마음과 아들이 병을 잘 이겨내길 바라는 마음으로 어느 목사님이 강단에 서시든지 우리 교회 주일 강단을 위해 새벽 2시, 3시까지 기도를 하고 계신다. 시차로 인해 실시간 기도시간을 맞추시느라 그러신다고 한다. 남편을 비롯해 성도님들과 나는 요즘 예배를 통해 주시는 놀라운 주님의 능력과 임재를 체험하고 있다. 그러니 이 한 번의 예배가 이토록 소중할 수가 없다.

어제는 남편이 말씀을 전하는데 몰입했고 목소리에 더욱 힘이 넘쳤다. 항암 치료로 인해 못 먹고 근육이 다 빠진 앙상한 팔다리는 혼자 서 있는 것조차 위태해 보이는데 남편은 두 손을 강대상에서 떼고 단 위에 서서 힘있게 말씀을 전했다. '주님의 은혜' 라고 밖에는 설명할 길이 없다.

말씀이신 하나님!
말씀 가운데 역사하시는 하나님!
은혜교회 주일 강단에서 하나님의 말씀이 선포됩니다.
하나님의 역사가 일어납니다.
목숨과도 같은 예배를 사수하게 하소서. 아멘!

작은아이의 고교 졸업식

2022년 6월 3일 금요일 - 6월 5일 주일

#1. 금요일, 큰아이의 깜짝 선물

조지아 사바나에서 직장 생활을 하는 큰아이가 집에 오기 전부터 아빠가 드실 수 있는 음식이 뭐가 있느냐고 묻더니 동생 졸업식을 위해 다운타운에 있는 레스토랑을 예약해 놓고 직접 운전을 하고 가서 가족 모두에게 특별한 음식을 대접해 주었다. 집에 오는 길에는 새로 생긴 쿠키 가게에서 막 나온 따끈한 쿠키도 샀다. 동생 졸업선물로 천 불 ($1,000)이 넘는 노트북도 사주었다.

#2. 토요일, 작은아이 졸업식

전날 밤부터 졸업식에 참석하지 못할까 봐 걱정하더니 아니나 다를까 당일 아침 도저히 갈 수 있는 상황이 아니라고 살짝 눈물을 보이는 남편. 마음이 너무 아팠지만 전날 큰아이의 깜짝 가족 외식이 서운함을 많이 달래주었다. 아빠가 같이 못 가게 될 줄 알고 그랬던 걸까…?

졸업식 프로그램을 보니 작은 아이 이름 옆에 성적 전체 탑 5%라고 마크가 되었다. 400명 아이 중 20등 안에는 들었다는 거니까 우리 아들 4년 동안 공부 열심히 잘했네. 큰 아이 때(조지아)는 매 학기 정확한 등수를 주었는데 여기(아이오와)는 그냥 퍼센티지로만 나타내주는 걸 보면 아이들에겐 여기가 더 행복한 동네인 것 같다.

아이오와는 졸업 연설도 수석 졸업자(Valedictorian)가 하지 않고 원하는 아이들이 세명이나 했다. 연설을 듣고 있자니 큰아이 때의 감격이 생각나서 잠시 회상에 잠겼다. 큰아이는 2017년도에 고등학교를 수석으로 졸업해서 선생님들과 부모님들, 친구들 앞에서 졸업식 연설을 했었다. 반면에 우리 작은아이는 졸업장만 받고 오나 했었는데 감사하게도 사각모 술 장식 넘기는 세 명 중 한 명으로 호명되어 프로그램에 이름도 나오고 단상에도 올라가는 영광이 주어졌다. 아이들을 키우다 보니 주님은 아이들의 성품과 기질대로 길을 열어주시고 이끌어 가시는 걸 보게 된다.

졸업식이 끝나고 친구들과 연신 사진을 찍어주고는 혼자 있을 남편을 위해 서둘러 집으로 돌아왔다. 그리고 우리는 작은아이 졸업식에 참석하지 못한 남편의 마음을 위로하기 위해 남편을 태우고 집 근처 잔디밭으로 가서 우리만의 졸업식 가족사진을 남겼다. 우리는 그렇게 남편을 위로하고 우리의 서운한 마음도 달랬다.

건강한 내년을 기약하며….

#3. 주일, 큰아이의 기도

매일 밤 10시는 교회에서 정해 놓은 기도시간이라 밤마다 거실에 모여 기도시간을 갖는다. 큰아이가 자신의 터전으로 떠나기 전날 밤 각자의 기도가 끝나자마자 갑자기 마침기도를 하겠다고 했다. 물 흐르듯 막힘없이 은혜로운 기도를 하는 걸 보니 우리 큰아이 부모 떠났어도 믿음 생활 잘했나 보다. 주님께 감사!

다음 날 새벽 5시 반. 조지아로 돌아가는 큰아이를 공항에 내려주면서 두 달 전 언니를 한국에 보낼 때처럼 나는 울지 않았다.

'내가 정말 강해졌나? 제발 그러기를….'

주님, 아빠 없이 고교 졸업식을 치른 작은아이와 졸업식에 참석하지 못해 슬픈 우리 남편을 위로해 주시고, 장남으로서 형 노릇 잘한 우리 큰아이 축복해 주시고, 사랑하는 우리 가족 모두의 마음을 지켜주세요!

행복했던 화요일 오후

2022년 6월 28일 화요일

"아, 행복하다!"

얼마나 여러 번 이런 고백을 했는지 모른다. 작은아이와 함께 아이의 고교 시절 바이올린 레슨 선생님을 만나러 디모인(Des Moines: 아이오와 주도)에 있는 솔즈베리 하우스 앤 가든(Salisbury House & Gardens)에 다녀왔다. 여름 동안 그 곳에서 야외 무료 콘서트가 진행되고 있다.

날씨는 더 말할 나위 없이 좋고,
하늘과 구름은 맑고,
숲은 푸르고,
바람은 그야말로 살랑살랑 솔바람에,
건물도 예쁘고,
음악은 너무 아름답고,
거기에 자연의 새 소리까지 더해진 오늘의 오후는 지금 처한 나의 모든 상황을 잊고 행복하다고 고백하게 해준 최고의 시간이었다.

콘서트가 끝나고 선생님께 찾아가서 인사를 나누고 함께 사진도 찍었다. 선생님은 우리가 사역자 가정인 것을 알게 된 후로 자신의 명성에는 너무도 어울리지 않는 저렴한 레슨 비용을 책정해 주셨다. 그리고 남편의 간병으로 인해 꼼짝없이 발이 묶인 내가 아이를 데려다줄 수 없어 부득이하게 레슨을 그만둔다고 할 때도 무척 서운해하셨다.

마지막 레슨이 있던 날, 작은아이에게 빼곡하게 사랑의 메시지를 쓴 카드를 주시면서 졸업식 날 뜯어보라고 봉투 하나를 더 주셨었는데 거기에는 50불($50)이 들어있었다. 그 후에도 여러 번 보고 싶다고 말씀해 주시고 너무나 예뻐 해 주셨던 선생님을 한 번은 꼭 다시 찾아가서 뵙고 싶었다. 역시나 반갑게 맞아주시는 선생님. 너무나 좋은 분.

작은아이와 추억 하나를 또 쌓았던 행복했던 화요일 오후다.

'여보, 내년엔 당신도 같이 와요. 꼭!'

주님, 내년에는 남편과 둘이서 이 날씨, 이 하늘, 이 구름, 이 푸르름, 이 바람, 이 풍경과 이 음악 같이 즐길 수 있게 해주세요. 그렇게 될 수 있다면 주님, 우리는 정말 주님으로부터 큰 선물을 받은 후가 되겠지요?

하루를 살아내는 것

2022년 7월 4일 월요일

    결혼한 지 25년, 함께 사는 동안 나는 남편이 아파서 하루 이상 앓아누운 걸 본 적이 없다. 언젠가 내가 주변 사람들에게 이런 말을 했었다.

"저는 자주 골골하고 그러는데요, 남편은 하루 이상 앓아누운 걸 본 적이 없어요."

엄마는 가끔 내가 겸손하지 못한 말을 할 때마다 걱정 섞인 목소리로 그러셨다.

"입찬소리(어떤 일에서건 쓸데없는 장담은 하지 말라는 말)는 함부로 하는 게 아니다"

라고 말씀하셨는데 내가 설레발을 쳐서일까? 아파서 하루 이상 앓아누워 본 적 없는 남편이 지금은 이렇게 큰 폭탄을 터뜨리고 날마다 침대 신세를 지고 있다. 나의 입찬소리 때문은 아니겠지만 장담하는 말은 함부로 하는 게 아니긴 아닌가 보다.

항암 치료를 하는 남편은 변비에 시달리고 있다. 마약성 진통제가 변비를 유발해 진통제를 처방받을 때 변비약을 같이 처방받았다. 항암을 시작하고는 잘 먹질 못하는 데다 약 기운 때문인지 이제는 총 세 가지의 변비약을 복용하는 데도 그래도 늘 힘이 든다. 약이 약을 부르고, 약이 약을 부르는 그런 형국이다.

그러다가 어느 날 이런 기도(?)를 하고 있는 나를 발견했다.

"주님, 우리 남편도 오늘 이렇게 다녀오게 해주세요."

너무 기분 좋게 화장실을 다녀온 날 내 입에서 나오는 기도다. 처음엔 '이런 것'까지 기도해야 하나? 했었다. 그런데 이런 것이 그렇게 '중요한 것'인지 다시금 깨닫는다.

지나온 세월을 돌아보니 그동안 큰일인 것처럼 느껴왔던 많은 일이 이제는 정말 아무것도 아닌 일들로 여겨진다. 세상 짐 다 짊어진 듯 수많은 밤을 눈물로 씨름하며 보냈던 날들도 어쩌면 주님이 건강을 지켜주셨기 때문에 할 수 있었던 것이었다. 그런 은혜도 모르고 그때는 뭐가 그리 심각하다고 울고불고 그랬었는지….

그래서인가 보다. 인생의 큰 산을 넘어온 사람들은 세상을 바라보는 시각이 정말 다르다는 것을 느끼게 된다.

'하루를 살아내는 것이 이렇게 힘겨울 줄이야!'

그들은 매일 주어지는 하루하루를 이렇게 이겨내며 그 산을 넘어온 사람들인 것이다. 우리도 그래야 한다.

주님, 주님이 허락하신 하루 '그 하루를 최선을 다해 살아내는 것' 남편과 제가 그걸 배우고 있는 요즘입니다.

엄마 집사님의 사랑의 손길

2022년 7월 7일 목요일

주름진 집사님의 손길이 남편의 등을 천천히 쓸어내린다.
어르신 집사님이 힘드실까 싶어,
"집사님, 제가 할게요"
라고 말려봐도 아니란다. 당신이 하고 싶으시단다.

교회 권사님의 지인분이 꽤 오랜 기간 투병을 해오시다가
병원에서 이제 치료를 그만하자는 제안을 받으셨다고 한
다. 예수님을 믿지 않는 그분이 치료를 중단하면 언제 어떻
게 될지 몰라 기도가 절실히 필요한 상황이라고 하셔서 오
늘 남편 포함 네 사람이 심방을 다녀왔다.
남편이 항암 치료를 하지 않는 주간에 가고 싶었지만 그
분이 원하는 시간에 맞추다 보니 심방 날이 항암 치료를 하
고 백혈구 주사를 맞은 바로 다음 날이라서 남편도 사실 상
황이 좋지 못했다. 백혈구 수치가 떨어지면 항암 스케줄이

취소되는데 2주일에 한 번 있는 항암 치료가 취소되면 그 사이 암세포가 퍼질 수 있기 때문에 췌장암같이 중증 암에 속한 환자들은 항암 스케줄을 유지하기 위해 인위적으로 백혈구 수치를 잡아주는 주사를 준다. 백혈구 주사를 맞으면 몸살 기운이 있어서 침대에 꼼짝없이 누워있곤 하는데 그래도 남편은 자신이 목사니까 목사로서 당연히 가야 한다고 생각한다면서 아픔을 참고 나선 것이었다.

어렵사리 그분 댁에 도착해서 거실에 들어섰는데 그분이 물리치료를 받고 계시는 중이라서 우리는 꽤 기다려야 했다. 남편도 몸이 좋질 않아 등 통증으로 앉아있기가 힘들고, 머리카락이 없어 실내에서도 모자를 쓰니 머리에서도 계속 땀이 나는데 항암 치료를 하느라 살이 빠지고 약해져서인지 에어컨 바람도 싫어하는 상황이라 너무 힘들어 보였다.

그때 옆에 앉아계셨던 권사님의 어머니이신 집사님이 남편의 등을 쓸어내리기 시작했다. 그 집사님은 나와 같은 고향 출신으로 우리 엄마와 연배도 같으시고 엄마처럼 충청도 사투리가 간간이 말 속에서 드러나는 분이시다. 주님이 미국에서도 엄마보고 살라고 보내주셨나 할 만큼 꼭 우리 엄마 같으신 그런 분.

그 순간 나는 마음속으로 기도했다.

'그래요, 집사님이 나용호 목사 등을 쓸어내려 주세요.

집사님의 손길을 통해 이 시간 주님의 치유 능력이 나용호 목사에게 임하실 줄 믿습니다!'

이 얼마나 아름답고 가슴 뭉클한 장면인지….

집에 돌아온 내내 지금까지도 잊히지가 않는다. 목사님만 성도님들을 위해 기도하는 것이 아니라 사랑하는 성도님들도 목사님을 위해 기도한다.

어린 시절 배가 아플 때면 '내 배는 똥배고 엄마 손은 약손이다' 하며 배를 만져주셨던 엄마 같은 마음으로 아들연배 목사의 병 낫기를 위해 간절한 마음으로 아픈 데를 만져주신다. 주님 안에서 우리 서로가 얼마나 사랑하는지는 그간 교회 안에서의 교제를 통해 우리는 이미 서로에 대한 신뢰가 충분하다.

그래서인가 보다. 주님이 함께하셨다. 말씀을 전하고 기도하는 동안 남편도 힘이 났고 그분도 최근 들어 아주 좋은 몸 상태였다고 말씀하셨다. 이게 교회다!

주여, 우리가 교회입니다. 몸은 아프고 힘들지만 그 한 가운데서 우리는 또 진정한 교회를 체험합니다.

주님, 그런데 이게 무엇인지요? 감사하면서도 아픔에 몸부림치는 사람들을 생각하니 안쓰러움 또한 한가득 입니다.

남편의 일기

2022년 6월 28일 화요일 - 7월 29일 금요일

2022년 6월 28일 화요일
'지역 한인들 전도 대상자' 리스트 작성.
'치유 기도 대상자' 리스트 작성.
교단의 해외선교위원회, 국내선교위원회에 각각 후원하기로 함.

2022년 7월 7일 목요일
사랑하는 아내의 생일. 생일카드, 장미 12송이, 케이크를 선물했다. 건강하지 못해 너무 미안한 마음이 들었다. 저녁에 중국 음식을 사다가 먹었는데 음식이 너무 실망스러워서 더 미안했다. 내년 생일에는 건강한 모습으로 행복하게 해줄 것을 다짐했다.
권성도님을 심방함. 생각보다 건강해 보여서 정말로 기뻤다. 복음을 제시하고 영접 기도를 드림(말씀: 요한복음 1장 12

절). 건강해지면 교회에 꼭 오실 것이라 말씀하심. 교회 홈페이지에서 설교를 들으실 것이라 말씀하심. 성도들과 함께 권성도님과 가정을 위해 꼭 기도하겠다고 말씀드림.

오늘 몸 상태가 최근 들어 제일 안 좋았다. 백혈구 주사를 맞은 후에는 몸살이 점점 더 심해져서 걱정이다.

2022년 7월 13일 수요일

현준이가 사바나에 있는 석준이 집에 방문함. 일주일 동안 머무를 예정이다. 그동안 현준이라도 있어 마음이 든든했는데 현준이마저도 없으면 어떻게 보낼 수 있을까 벌써부터 허전한 마음이 든다. 그래도 가족이 휴가를 못 가는 상황에서 형제가 서로 만나 정겨운 시간을 보낼 수 있게 돼서 감사하다.

"현준아, 형이랑 좋은 시간 보내다 와라."

2022년 7월 20일 수요일

현준이가 집에 도착했다. 형하고 좋은 시간을 보내고 와서 너무 좋아 보인다. 현준이가 오면서 아빠와 엄마를 위해 선물로 모자와 티셔츠를 사 왔다. 석준이가 일주일 동안 동생과 시간을 보냈다. 동생과 함께 시간을 보내기 위해 휴가까지 사용했다고 한다.

"석준아, 한 주간 동안 동생 보살피느라 수고했다. 너무 든든하고 감사해!"

2022년 7월 21일 목요일

김목사님 가족이 집에 방문했다. 언제 만나도 반갑고 감사한 가정이다. 모처럼 만난 거라서 좀 더 교제를 하고 싶었는데 목사님 사정으로 두 시간 만에 헤어져야 했다. 너무 아쉬웠다. 목사님의 간증에 큰 은혜가 되었다. 어떤 성도님의 후원으로 수양관을 짓게 되었다는 내용이다. 수양관이 잘 완공되어 많은 사람에게 유익이 될 수 있도록 기도한다.

목사님의 막내를 만나서 더 좋았다. 갑자기 마음이 찡하고 눈물이 나려 했다. 그 아이의 건강을 위해 특별히 기도한다.

2022년 7월 23일 토요일

저녁에 민권사님 가정, 김집사님 가정과 만나 식사를 하고 차를 마셨다. 사람들과 만나 교제하는 것이 너무 기분좋다. 그런데 갑자기 복통이 찾아와서 한참을 고생했다. 복통만 없으면 더 자주 사람들과 만나서 교제하고 싶다.

췌장 수치가 올라가서 너무 걱정된다. 내가 할 수 있는 것이 없다고 하니 정말 속상하다. 다음 검사 때는 좋은 결과가 있기를 기도한다.

2022년 7월 26일 화요일

오늘 오후에 혼자 교회에 갔다. 현관이 너무 더러워 현관과 그 근처를 청소했다. 그리고 기도했다. 모처럼 부르짖어 크게 기도했다. 내가 지금 의지할 분은 오직 주님.

주여! 저를 긍휼히 여기사 저에게 은혜를 베푸소서.

저를 치유하소서.

2022년 7월 27일 수요일

오전에 현준이와 교회에 갔다. 기도하기 전에 교회 주차장 창고 쪽 구석을 청소했다. 그쪽이 항상 지저분해서 신경이 쓰였는데 마음먹고 청소하기로 했다. 하루 만에 하기에는 힘에 부칠 것 같아 이번 주 동안 조금씩 계속 청소하려고 한다.

밤에 로마서를 정독했다. 너무 새로웠고 큰 은혜가 되었다. 마음이 뜨거웠다. 몸이 아픈 것도 느낄 수 없을 정도였다. 말씀의 기쁨을 매 순간 이렇게 느꼈으면 좋겠다.

2022년 7월 28일 목요일

오늘도 오전에 혼자 교회에 갔다. 사실 혼자서 밖에 나가는 것이 그동안은 매우 부담스러웠는데 이번 주 동안 며칠 하고 나니 조금은 자연스러워진 것 같아 기분이 좋았다.

오늘도 주차장 구석을 청소했다. 그런데 약간 무리를 했는지 오후까지 피곤을 느꼈다. 특히 오후에 낮잠을 자려고 할 때 기분 나쁜 오한을 느껴 혼났다. 그런데 한 가지, 간단한 노동을 하면서 느낀 것이 있다면 배변 활동이 이틀 연속으로 좋았다는 것이다. 적당한 노동이나 운동이 오히려 몸에는 좋다는 것을 확연하게 느낄 수 있었다.

2022년 7월 29일 금요일

오후에 교회에 가서 주차장 청소를 마무리했다. 한 주간 열심히 했는데 별로 티도 안 나는 것 같다. 그래도 무언가 해냈다는 뿌듯함을 느껴 좋았다. 청소한 김에 교회 실내도 청소했다. 최근에 서집사님이 청소기를 후원하셨는데 청소기가 좋아서인지 청소할 맛이 났다. 처음에는 현관 쪽만 하려고 했는데 결국 교회 전체를 청소했다. 살짝 무리가 됐는지 집에 와서는 피곤함을 느꼈다.

아픈 것도 사역이다

   오늘은 교회창립 21주년으로 한없이 기쁘고 감사한 날이었다. 토요일에는 한국에서 한 달 전 오셔서 함께 기도하며 지내시는 시어머님이 창립 21주년 감사예배를 위해 강단을 꽃으로 장식해 주셨다. 남편 말에 의하면 2016년 처음 아이오와 은혜교회에 부임해서 첫 설교를 한 날이 창립 15주년 주일이었고, 사역 5년을 채우고 6년 차로 접어든 작년 창립 20주년 감사예배를 끝내면서 아프기 시작했다고 한다. 그리고 오늘 창립 21주년 감사예배를 맞이했다.

   남편의 투병이 시작된 지 1년 그리고 본격적인 치료를 시작한 지 10개월 되었다. 하나님은 남편이 아프기 시작한 작년 창립 20주년 감사예배를 기점으로 부흥의 불씨를 우리에게 허락하셨다. 그동안 기도하며 전도했던 사람들이 교회에 나오기 시작했고, 교회학교가 세워지고, 젊은 가정들이 타 주에서 이사를 오고, 캠퍼스 사역의 지경이 넓어지면서 교회가 부흥을 경험하고 있다.

남편이 이런 고백을 했다.

"목사는 아픈 것도 사역인가 보다!"

건강해서 열심히 뛸 때는 부흥이 저 멀리 있는 것 같더니 목사의 투병으로 온전한 사역을 감당하지 못하고 있는 이때 오히려 기도의 불길이 타오르고, 교회 적재적소에 헌신자들이 세워지고, 부흥을 이루어 가는 것을 보면서 고백한 말이다. 여러 종류의 사역이 있지만 목사에게는 정말 아픈 것도 사역인가 보다.

남편이 말로 할 수 없는 고통 속에서 통증과 사투를 벌이며 얼마나 필사적으로 설교 강단을 지켜내고 있는지를 가장 가까이에서 보고 있는 나는 그 고백에 가슴이 저리다. 또한 남편의 이 귀한 고백을 하나님께서 친히 받으시길 기도한다. 성도님들도 남편의 이러한 사투를 알기에 더욱 하나가 되어가는 것이다.

남편은 은혜교회 창립 감사예배 때마다 본인의 삶을 역동적으로 끌고 가셨던 주님이 창립 감사예배를 기점으로 치유를 선물로 주시길 기도한다고 했다.

주님, 저도 그래요. 저도 남편의 바람처럼 기도합니다. 올해 창립기념일이 아니라면 내년이라도….

소망을 갖게 해주시니 감사합니다.

주님 영광 받으소서!

동갑내기 친구 권사님

2022년 12월 22일 목요일

　나에게는 '사랑하는 사모님'으로 시작하는 글을 써주는 동갑내기 친구 권사님이 있다. 그러면 나는 '보고 싶은 권사님'으로 답장을 시작한다. 권사님 글의 말머리를 대할 때면 사랑하는 연인이나 친구에게 깃털 펜으로 편지를 쓰던 1800년대 영화의 한 장면이 떠올라 낭만적이다. 다소 살가운 듯한 인사말을 주고받는 동갑내기 친구를 권사님으로 부르는 것은 우리가 어릴 때부터 맺어온 친구가 아니라는 게 짐작이 될 것이다. 우리는 남편이 시카고에서 부교역자로 사역하던 시절 교회에서 첫 만남을 갖은 사이다.

　사람들은 어른이 되어갈수록 마음을 터놓는 친구를 사귀기가 어렵다고 말하지만 우리는 그 이론을 보기 좋게 뒤집었다. 게다가 사모와 성도로 만났는데도 말이다. 그렇다고 우리는 이만큼 친해졌으니 누가 먼저 호칭을 바꾸고 말을 놓자고 하지 않는다. 그 이유를 서로가 딱히 확인하지는 않앉지만 우리는 우리 서로가 신뢰하는 주님의 사랑을 바탕으로 맺어진 이 관계가 오히려 더 좋기 때문이다. 나는 그렇고, 그 권사님도 아마 그럴 것이라고 생각한다.

천사가 이 땅에 내려왔으면 꼭 저 모습일 것이라고 생각하는 그 권사님은 오래전부터 사회복지사로 일해왔고 지금은 '소망의 집'이라는 곳에서 일하고 있다. 소망의 집은 부모도 책임지지 않고 정부도 다 맡을 수 없는 중증 장애아이들을 돌보는 보육원이다. 그녀와 함께하는 아이들은 정말 행운이 아닐 수 없다. 우리가 요즘 나누는 대부분 글의 요지는 투병하고 있는 나의 남편에 대한 안부와 나를 걱정하는 내용이지만 가끔은 권사님이 돌보고 있는 아이들을 향한 사랑의 마음을 담은 내용이나 한국 풍경의 사진을 보내주기도 한다.

너무나 존경스러운 그 친구 권사님에게 나는 많은 것을 배웠다. 우리가 못 만난 지는 15년이 넘어간다. 며칠 전에도 권사님으로부터 온 글을 보고는 너무나 행복하고 감사해서 실로, 나의 처지를 뒤로하고 오랜만에 글을 쓰고 싶은 마음이 일어났다. 그래서 이렇게 글을 쓰고 있다.

주님, 훌륭한 친구를 주셔서 감사합니다. 우리가 다시 볼수 있는 날을 허락해 주세요. 아름다운 과거를 추억할 수있는 그런 날을요.

찬양대가 세워지다

2023년 2월 8일 수요일

#1. 4성부 특송

찬양대가 없는 우리 교회에서 언젠가 4성부로 찬양을 하게 된다면 이 찬양 〈계신 주님〉으로 첫 문을 열어야겠다고 생각했다. 언제부터 꿈꿔온 찬양대인지 모른다. 이민사회의 작은 교회에서는 피아노 반주자를 구하기도 어렵고 찬양대가 세워지는 것을 늘 바라지만 그것도 쉽지 않다. 그런데 남편이 아프면서 교회에 부흥이 일어나고 드디어 찬양대도 세울 수 있게 되었다.

한 달 전쯤 남편이 아침에 일어나서 하는 말이 간밤에 꾼 꿈에서 은혜교회 중창팀이 찬양하는데 병이 낫는 체험을 하는 꿈을 꾸었다고 했다. 화음이 아주 좋았다고 하면서.

하나님이 내게 말씀하시는 것으로 알아듣고 즉시 복 4중창 팀을 꾸려 연습에 들어갔다. 돌아오는 주일에 있을 '치유를 위한 1일 부흥회'에 특송을 하기 위해서였다. 그런데 그날만 특송을 하는 게 아니라 지난주부터 특송의 문을 열었다. 지난주에는 〈계신 주님〉으로 그리고 돌아오는 1일 부흥회 때는 〈이 믿음 더욱 굳세라〉를 4성부로 준비하고 있다.

하나님을 찬양할 때 역사가 일어난다!

#2. 치유를 위한 1일 부흥회

돌아오는 2월 12일에는 '치유를 위한 1일 부흥회'가 우리 교회에서 열리게 된다. 이 1일 부흥회가 원래부터 계획되어 있던 것은 아니었다.

실은 작년 봄, 애틀랜타에서 사역할 때 함께 교제했던 목사님께서 남편을 꼭 보러 오고 싶다고 하셔서 주중에 방문하셨던 적이 있었다. 남편이 병원에서 항암 치료를 막 끝내고 만나게 된 터라 원활한 대화를 나누기가 어려워 남편 대신 내가 목사님께 우리 은혜교회에서 일어나고 있는 일들을 담담하게 나누었다. 그때 목사님이 감동을 받으시고 눈물을 흘리셨던 일이 있었고, 그 후에도 투병하는 남편을 돕기 위해 강사 목사님들이 우리 교회에 방문하셔서 설교 강단을 지킬 수 있도록 제안하셨다. 그 뜻이 감사하긴 하지만 기한이 정해진 것도 아닌데다 아이오와는 강사 목사님들이 최소 1박 2일을 오셔야만 하고 비행기는 직항이 없어 비용도 많이 들기 때문에 남편은 그 제안을 정중히 거절해

왔었다.

이렇게 몇 번이나 기회가 맞지 않게 되면서 우리 교회를 방문하고 싶어 하시는 목사님께 주일설교를 한번 부탁드렸는데 그게 치유를 위한 1일 부흥회로 바뀌게 된 것이다.

남편이 투병한 지 1년이 넘었다. 투병하는 동안 하나님이 우리 가운데 주님의 일을 많이 나타내셨다. 그러나 남편은 아직도 아프다. 아픈 남편을 바라보는 내 마음도 아프다. 아픈 목사님을 바라보는 우리 성도님들의 마음도 아프다. 하지만 우리는 또 소망을 바라본다. 하나님의 말씀이 선포되고 우리가 기도할 때 역사가 일어나니까!

주님, 우리를 긍휼히 여기시옵소서. 남편과 우리 가족 그리고 우리 성도님들에게 치유의 때를 허락하시기를 간절히 간구합니다.

사랑이어서 충분하다

2023년 2월 9일 목요일

　사랑하는 많은 사람의 간절한 기도와 섬김에도 하나님은 침묵하시는 듯 남편의 상황은 호전되지 않고 있다. 작년 10월 말 남편은 우리가 치료받고 있던 지역 병원보다 더 상위 병원인 메이요 클리닉(Mayo Clinic: 미네소타 주에 위치한 세계적인 병원)으로 옮겨졌다. 항암 약이 반응하지 않고 종양이 더 커지면서 남편의 수술 의사가 메이요 클리닉으로 추천을 해주었다.

#1. 메이요 클리닉을 동행해 주신 목사님

　메이요 클리닉은 세계적인 병원이라고 한다. 광활한 미대륙의 장거리 자동차 여행에 비하면 미네소타는 우리가 사는 곳에서 그리 멀진 않지만 도시 자체가 병원이라는 말이 있을 정도로 광범위하다고 들었고 나 또한 아픈 남편을 돌보면서 혼자 운전하고 다녀올 자신은 없었다.

그때 지인 목사님이 연락을 주셨다. 목사님은 우리와 함께 병원 가는 길을 동행해 주시기 위해 10시간이 넘는 거리를 거의 쉬지 않고 운전하고 오셔서 우리를 태우고 또 3시간이 넘는 거리를 운전해 주셨다. 3박 4일 동안 같이 못 자고, 같이 못 먹고, 같이 기도해 주시고, 같이 마음을 나누어 주셨다. 그리고는 우리를 집에 내려주고 똑같은 길을 되돌아가셨다.

'이런 사랑이 어디 있을까!'

형제라고 해도 할 수 있을까 싶다.

3월 중순 메이요 클리닉 방문이 또 잡혀있다. 극구 만류했으나 목사님은 한 번 더 동행하시겠다고 한다. 나는 그 목사님의 사모님과 아이들에게도 정말 미안하다. 가장이 자꾸 자리를 비우니. 그런데 사모님도 미안해하지 말라고 하신다. 사모님도 천사인가 보다.

#2. 얼굴 없는 천사

또 한 명의 얼굴 없는 천사가 있다. 우리가 메이요 클리닉으로 추천되었다는 소식을 듣고 교회 집사님이 미네소타에 살 때 한 번 만나 본 분이 있다면서 한 여자분의 연락처를 주셨다. 그 분의 남편이 메이요 클리닉에서 일을 하고 있다고 했다. 나는 남편의 먹거리를 해결할 수 있는 한식당이나 아시안 마트에 대한 정보를 물어보려고 연락을 한 것

이었는데 전화기 너머 들려오는 나보다 한참은 앳된 목소리인 그 여자분이 하는 말,

"저희 집에 오셔서 목사님과 함께 머무르시면 좋겠어요."

생각지도 못한 제안이었다. 한인 목사님이 투병하시는데 같은 한국인으로서 돕고 싶다면서 진료받고 갈 때까지 방도 내주고 심지어는 한국 음식도 해주고 병원에 오고 가는 운전도 해주겠다고 했다. 우리는 얼굴 한번 본 적이 없는 모르는 사이인데 말이다. 눈물 나게 고마웠다.

'하나님의 역사하심은 대단하구나!'

그런 생각도 들었다. 그렇게까지 신세를 질 수는 없었기에 내가 궁금해하는 정보만 받고 우리는 암센터에서 제공해 주는 숙소에서 머물 것이라고 말해줬다. 그리고 그분의 사랑이 얼마나 감사한지 내 마음을 충분히 전달해 드리고는 통화를 마쳤다. 천사같은 마음씨를 가진 사람을 알게 된 것만으로도 나는 정말 감사하다.

#3. 사랑하는 두 장로님

"우리도 이런 일이 처음이라 어떻게 해야 하는지 모르지만 끝까지 가봅시다."

라고 울먹거리며 말씀해 주시는 선임 장로님은 투병하는 남편이 안쓰러워 남편의 안부를 물을 때면 늘 울먹거리신다. 한참 형님뻘인데도 말이다.

남편의 병을 교회에 주시는 주님의 메시지로 끌어안고 1년이 넘도록 매일 하루도 거르지 않고 한 치의 시간 오차도 없이 밤 10시 온라인 기도회를 인도하시고, 수도 없이 음식을 챙겨다 주시는 또 다른 장로님.

두 분의 장로님 덕분에 아픈 가운데서도 우리가 교회에서 계속 사역을 할 수 있는 것이다.

#4. 성도님들과 지인들

성도님들과 지인들에게도 너무나 많은 사랑을 받고 있다. 밤 9시 반에 일이 끝나는 한 여집사님은 고단한 삶을 살면서도 겨울이 길고 눈과 바람이 많은 아이오와의 이 악명높은 추위를 뚫고 그 밤에 고속도로를 30분 이상 달려서 음식을 가져다 주시는데 너무 여러 번이라 이제는 세다가 포기했다.

"왜 이렇게까지 섬기시나요?" 하고 물었더니,

"목사님이라서요." 그러신다.

어떤 성도님은,

"많은 영혼을 구원해야 하는 사명자 나용호 목사님은 살려주시고 저를 대신 데려가 주세요."

이런 기도를 했다는 분도 계셨다. 그것도 두 차례나 기도 중에 본인도 모르게 나온 기도라고 하셨다. 우리 남편은 복받은 목사다. 어떤 목사가 성도에게 이런 기도를 받는단

말인가!

너무 피곤해 밥할 힘도 없어 아무 생각 없이 누워 잤으면 좋겠는 딱 그런 날(그래도 그렇게 할 수 없는 게 지금 내 상황이다)에는 숟가락만 놓으면 되도록 음식을 가져다주시는 성도님들이 계시다. 그러면 나는 하나님의 그 정확한 타이밍과 사랑의 섬김으로 인해 눈물이 주르륵 흐른다. 주일마다 아예 음식을 대주시는 성도님들도 많으시다.

#5. 지역을 넘어선 사랑의 섬김

LA에서 아이오와까지 벌써 몇 번이나 음식을 보내주시는 사모님. 세상에 듣도 보도 못한 음식들이 냉장, 냉동을 포함해 잔뜩 배달된다. 남편끼리 막역한 친구라 우리도 친구가 된 사랑하는 사모님이다. 이제는 내가 알고 있으려니 하는지 연락도 없이 보내오는데 얼마 전에는 배달된 상자를 풀어 음식을 하나하나 꺼내다가 엄청나게 울었다. 그 마음이 마치 친정엄마 같아서.

시카고에서도 음식을 바리바리 싸 들고 몇 번이나 와주신 사랑하는 권사님들과 집사님. 남편에게는 누님과도 같은 분들이다. 먼 길을 오셔서 기도해 주시고 같이 울어주시고 사랑의 교제를 나누다가 가셨다.

애틀랜타에서도 음식과 선물을 보내오시는 고마우신 분들.

몇 차례나 방문해 주시고 기도해 주신 지방회와 교단 목사님들, 병원비를 걱정해 주시는 교회와 목사님들, 지인들의 후원금, 그분들의 기도와 안부, 사랑의 메시지….

남편이 아프고 나서 내 마음이 자꾸만 내게 묻는다.

'너 정말 예수님 한 분만으로 족해?'

그간 나의 고백은 다 가짜였나 보다.

'주님, 남편만 고쳐주시면요….'

하고 단서가 붙는다.

그런데 어느 날, 저렇게 넘치는 사랑을 받는 남편을 보면서 이런 고백이 되어졌다.

'주님, 이 사랑을 다 어찌할까요? 사랑이 있어서 저는 충분합니다!'

우리 남편은 아프지만 다 가졌다. 하나님이 정말 많은 것을 주신 복된 사람이다.

주님, 우리 남편 건강해져서 받은 사랑 다 갚을 수 있게 해주세요. 그리고 사랑하는 교회와 사랑하는 사람들을 주셔서 정말 감사합니다. 사랑하며 살게 해주세요!

하나님의 예비하심

2023년 2월 12일 주일

뭐라고 정의할 수 있을까?

오늘 있었던 '치유를 위한 1일 부흥회'는 사람이 계획한 일 같으나 그것은 전적인 '하나님의 예비하심'이라고 말할 수 있을 것 같다.

남편의 항암 치료가 1년이 넘어가면서 본인도 가족도 교회 성도님들도 어쩌면 지쳐가고 있을 무렵 오늘 집회는 '지금까지 잘해 왔다'라고 우리에게 말씀해 주시는 주님의 따뜻한 위로였고, 고난을 향한 하나님의 뜻이 무엇인지 깨닫게 했으며 다시 한번 힘 있게 싸워나갈 소망을 주시는 주님의 전적인 예비하심이었다.

우리 부부가 기도원이나 치유 집회에 가길 원한다면 운전부터 숙박 등 모든 일정을 동행하겠다는 지인 목사님이 계시다. 그 섬김의 제안이 정말 고마웠고 나도 가보고 싶은 마음이 굴뚝 같았지만 남편은 교회를 잠시도 떠나고 싶어

하지 않았고, 건강 상태 또한 짧은 외출도 어려웠기에 가능
하지 않았던 어느 날.

'은혜교회에 하나님의 말씀이 선포된다.'
'은혜교회에 주님의 영광이 드러난다.'
'은혜교회에 치유의 역사가 일어난다.'

매일 이렇게 기도해 왔던 것이 떠오르면서,
'우리가 못 가면 우리 교회에서 하면 되지!'
그런 마음이 강력하게 들었고, 그때 주일예배를 위해 교
회에 방문하시기로 한 목사님께 '치유를 위한 1일 부흥회'
로 인도해 달라고 부탁을 드린 거였다. 주일예배 설교만 하
시는 줄 알고 계셨던 강사 목사님께 죄송한 마음이 들었지
만 이 안에는 반드시 하나님의 예비하심이 있을 거라는 마
음이 들었다. 집회 전부터 교회 안팎으로 집회를 사모하는
사람들의 간증이 들려왔고, 공동체를 흔들려는 영적 전쟁
도 있었으나 우리는 꺾이지 않았고 강사 목사님도 은혜로
운 소식들을 전해주셨다.
우리는 우리 힘으로 어찌할 수 없는 불가항력의 일들에
대해 우리의 전능하신 하나님께 같은 마음, 같은 사랑, 같
은 간절함으로 부르짖었고 우리의 눈에서는 연신 뜨거운
눈물이 흘렀다. 하나님은 우리와 함께하셨고 우리의 심령

을 만지셨으며 우리가 가진 기도 제목에 응답하셨음을 믿는다.

기도회 반주를 위해 20여 곡을 준비했는데 기도시간 내내 나는 한 곡만 계속 연주할 수밖에 없었다. 그 찬양이 그곳에 함께 했던 우리 모두의 고백이었기 때문이다.

주님 큰 영광 받으소서
홀로 찬양 받으소서
모든 이름 위에 뛰어난 그 이름
온 땅과 하늘이 다 찬양해

겸손하게 우리 무릎 꿇고
주 이름 앞에 영광 돌리세
모두 절하세 독생자 예수
주님께 찬양드리리

모든 영광과 존귀와 능력
받으소서 받으소서
영광과 존귀와 능력
받으소서 받으소서
그리스도 살아계신 하나님

[경배와 찬양 전하세 예수 5 〈주님 큰 영광 받으소서〉]

"아버지, 나용호 목사 치유하옵소서!"

"아버지, 우리 모두를 치유하옵소서!"

"아버지, 이렇게 사랑하는 교회 주셔서 감사합니다!"

반주를 하면서 나도 계속 눈물로 부르짖었다.

집회 후 우리는 성령의 충만함으로 사랑이 넘쳤고, 가슴이 벅찼고, 각자의 문제들이 다양하고 다름에도 불구하고 저마다,

"저에게 주신 말씀이에요. 저를 치유하셨어요."

이렇게 고백했다.

치유하심의 주권은 하나님께 있다.

그러니 치유하셔도 감사 그리 아니하실지라도 감사!

주님, 당신의 종 나용호 목사를 당신께 맡깁니다.

사랑합니다. 감사합니다.

깨달음은 늘 뒤에

2023년 3월 30일 목요일

작은아이가 존디어(John Deere: 세계적인 미국계 중장비, 농기계 제조회사)에 인턴으로 채용이 돼서 이번 여름방학부터 엔지니어로 일을 하게 됐다. 작은아이는 산업공학 전공이다. 1학년이라 뽑아줄까 싶었는데 엊그제 채용사정관 두 명과 한 시간 이상 인터뷰했다고 하더니 이틀 만에 기쁜 소식이 들려왔다. 감사하다.

대학 입학 때부터 정해져 있던 작은 아이의 조지아텍 학사 일정이 올해 6월부터 시작된다. 6월부터는 조지아텍에 가야 할지 그냥 아이오와에 남아야 할지를 놓고 우리는 계속 기도를 해왔다. 작은아이는 모든 학비와 기숙사, 식대가 다 제공이 되는 이곳 학교에 남고 싶다고 했는데 나는 사실 조지아텍이 너무 아까워서 여전히 마음이 흔들리고 있었다. 큰아이도 동생이 자기 후배가 되는 길도 좋다고 했지만 엄마가 학비를 도와줄 능력이 없다면 작은아이의 선택을 따라줘야 한다고 누누이 내게 말해왔었다.

우리는 대학 결정에 대해 기도하면서 재정적인 부분도 함께 기도해 왔다. 재정적인 부분을 기도한 것도 나는 조지아텍에 보내고 싶어서 그랬던 것인데 이제 작은아이가 이곳에 남아 인턴을 하게 된다면 아이는 아마도 꽤 저축을 할 수 있을 것이다. 왜냐하면 그 회사가 우리 집에서 6분 거리에 있어서 차도 살 필요가 없고 숙소도 따로 마련할 필요 없이 집에서 다니게 됐으니 버는 돈을 온전히 다 모을 수 있을 것이다.

하나님께서 재정적인 부분에 이렇게 응답하실 줄이야!

이제 지척에 있는 좋은 회사에 인턴까지 됐으니 대학 결정에 대한 갈등은 오늘로써 끝내야 하지 않을까 싶다. 실은 내 마음만 정리하면 됐었던 거다. 때로는 내가 우리 아이들보다 어리숙한 엄마다.

큰아이도 돈 한 푼 들이지 않고 오히려 학교로부터 용돈을 받아가면서 대학을 가고 졸업을 해주었는데 아이들 둘이 너무나 잘 커 줬다. 이민목회에서 개척하며 사역에 헌신한 우리 부부에게 아이들은 늘 자랑이 되어주었다. 두 아이를 키우면서 두 아이가 성격도 다르고, 재능도 다르고, 하나님이 그들의 길을 인도해 가시는 방식도 다름을 본다. 주님은 언제나 나의 기도와 바람 이상으로 좋은 길을 열어주셨다.

이제 대학에 대한 최종적인 결정을 일단락 지음으로 작은 아이는 아픈 아빠와 간병하는 엄마 곁에 남아주게 됐으니 이 또한 효도다. 하루에도 몇 번씩 아이의 이름을 불러대며 안마를 부탁하는 남편인데 한 번도 찡그리는 적이 없어서 고맙다. 집 청소도 다 해주고 이 힘든 시기에 우리 가정에 큰 선물을 안겨준 우리 작은아이.

"고마워, 현준아!"

주님, 저는 늘 지나고 나서야 주님의 뜻을 깨닫습니다. 힘겨웠던 사역의 현장에서 언제나 기쁨이 되어주었던 아이들. 우리에게 귀한 아이들을 주신 주님께 감사합니다.

고난주간 새벽기도

2023년 4월 5일 수요일

'인도해 줄 목사님도 안 계시는데 무슨 고난주간 새벽기도를 하나?'

처음에는 그런 생각이 들었다. 그런데 성도님들 중에는 고난주간에 교회에 나와서 함께 기도하고 싶은 분들이 계시다는걸 알게 되었다.

'그러면 내가 할 수 있는 일은 무엇이지?'

생각해보니 일찍 와서 문을 열어두고, 묵상을 위한 음악을 틀어놓고, 성도님들이 기도를 마치고 돌아가실 때까지 기다렸다가 마지막 정리를 하고 돌아오는 것, 그것은 내가 할 수 있겠다는 생각이 들어서 자원을 했다.

올해는 남편이 아파서 말씀을 전해주실 목사님이 계시진 않지만 찬송 한 장 부르고, 말씀을 전하는 대신 내가 큐티 교재를 읽어드리고, 개인 기도를 충분히 하시는 것에 집중하는 방식으로 우리는 고난주간 새벽기도회를 열기로 했다.

지난 월요일 첫날, 미리 준비해 둘 것도 있고 해서 나름 일찍 갔다고 생각했는데 성도님들이 남편 없이 내가 혼자 나온다고 생각해서인지 나만큼이나 일찍 오셔서 여러 사람이 동시에 교회 주차장에 도착했다. 3일째인 오늘까지도 누군가가 나보다 먼저 오셔서 현관 불을 환하게 켜놓고 교회 문을 열어두고 기도자들을 맞이하고 계시는 것을 본다. 사역자만 해야하는 것인 줄만 알았던 교회 안의 여러 일이 1년여가 넘도록 성도님들의 자발적인 헌신으로 이루어짐을 보면서 큰 감동을 받는다.

어제는 성전에 여인들의 울음이 넘쳐났다. 아주 예전에 어떤 어르신 목사님은,

"하나님의 사랑에 감동이 돼서 울어야지 자신의 처지가 딱하다고 성전에 나와서 신파극 하다 가지 마십쇼."
라고 말씀하셨던 적이 있었다.

그때는 그 목사님 말씀이 옳은 것 같았는데 '하나님 앞에서 울라!' 라는 말처럼 내 집이지만(옆집도 신경 쓰이고) 우리가 집 안 어디, 어느 시간에 누굴 붙잡고 이렇게 크게 소리 내서 울어보겠나? 그러니 교회에 나와 하나님 앞에서 우는 건 어떤 모양이든 괜찮다는 생각이 들었다. 자신이 처한 상황이 감당이 안돼서 쏟아놓기 시작했더라도 하나님 앞에서 울다 보면 주님은 회개로 이끄시고, 그 마음을 만져주시

며 오늘 또 하루를 살아갈 힘을 주신다. 그러면 우리는 그 사랑에 감동이 되어 더 크게 울겠지!

집에서 기도하는 것도 좋지만 교회에 나와서 기도하는 것이 성도들에게도 큰 유익이 될 거라는 생각을 한다. 적어도 내 경우에는 그렇다. 교회에 나와서 얼굴을 마주하게 되니까 평소에 그분들과 나눴던 기도 제목들이 떠오르면서 여느 때 보다 더욱 뜨겁게 그분들을 위한 중보기도를 하고 있는 나 자신을 발견하기 때문이다.

오늘 집에 돌아오는 길에는 날이 밝았는데도 길을 건너는 커다란 두 마리의 사슴을 발견하고 그것을 피하느라 가슴이 철렁했다. 남편이 건강해서 같이 새벽예배를 다닐 때는 늘 남편을 의지하고 다녔었는데 이제 이런 것쯤은 혼자서 다 대처할 줄 알아야 한다.

성금요일과 토요일 새벽기도에는 남편의 상태가 조금 더 회복되어서 교회에 나올 수 있으면 좋겠다. 하나님께서 힘 주시기를. 설교 대신 성도님들께 그냥 큐티 교재만 읽어드리는 수준인데도 여간 신경이 쓰이는 게 아니다. 말씀 전하시는 목사님들께 새삼 고맙다는 생각을 했다.

주님, 남은 3일 동안의 새벽 기도회에도 우리 삶을 돌아보며 십자가의 사랑을 묵상하는 은혜의 시간 되기를 간절히 기도합니다.

두 달짜리 인생

2023년 5월 5일 금요일

"두 달 또 벌었네!"

이번 메이요 클리닉 방문길에서 남편은 이렇게 말했다.

치료 여행. 여행이라면 들뜨고 즐겁고 신나는 것인 줄만 알았는데 처음 메이요 클리닉을 방문하면서,

'이런 여행도 있구나!'

하는 낯설었던 그 감정을 나는 지금도 잊을 수가 없다.

지역 병원의 암센터에서 무료로 마련해 준 숙소는 우리 결혼생활 중 여행이라는 명목 아래 집을 떠나 머물렀던 숙소 중 가장 좋은 곳이었음에도 남편과 나는 그 시설을 누릴 수가 없었다. 말 그대로 우리는 치료 여행 중이었기 때문이었다.

여행이라는 단어를 떠올릴 때면 동반되는 새로운 풍경과 맛있는 먹거리에 대한 '즐거운 설렘' 대신 우리의 치료 여행에서는 통증을 동반하는 불편한 몸과 힘겨운 먹거리를

견디며 CT 결과에 따른 '두려운 설렘'으로 2박 3일을 보내야 한다. 나는 로비에서 만나는 사람들의 표정을 살폈다.

'저들은 어떤 목적으로 이곳에 왔을까...?'

남편의 치료가 작년 10월 미네소타에 있는 메이요 클리닉으로 옮겨지고 나서 치료 여행으로는 이번이 다섯 번째 방문이다. 우리는 지금 지역 병원에서 2주에 한 번씩 3일 동안 항암 치료를 하고, 그다음 하루는 백혈구 주사를 맞으면서 두 달에 한 번씩은 CT를 찍으러 메이요 클리닉을 방문하고 있다.

암을 진단받고 나면 수도 없이 피를 뽑게 되는데 그때 종양표지자(Tumor Marker: 종양에 대한 선별, 진단, 치료 예후, 재발을 평가하는 역할. 췌장암 환자들은 흔히 췌장수치라고 말하기도 한다)라는 것을 같이 검사할 때가 있다. 그 수치가 올라가면 항암 약이 반응하지 않고 종양이 커지고 있다고 보기 때문에 환자와 가족들은 그 수치에 민감할 수밖에 없다. 우리도 그런 경험을 거쳐 여기까지 왔고….

하지만 이번 두 달 동안의 치료에서 측정된 수치는 높아도 너무 높았다. 지역 병원 주치의도 편차가 너무 큰 걸 보니 이번 약도 반응을 하지 않아 종양이 커지고 있는 것일지 모른다며 우려를 나타냈었다. 이번 방문에서는 과연 어떤 얘기를 듣게 될지 두렵고 떨리는 마음으로 CT 결과를 기다렸다.

그런데 종양표지자 수치와는 상관없이 약이 반응을 했다. 크기도 조금 줄어들었다. 할렐루야!

'반전의 하나님, 역전시키시는 하나님!'

그 기도대로 응답이 되었다. 하나님께 감사했다. 그리고 그 순간, 이 험난하고 긴 여정을 간절함으로 함께 동행해 주고 있는 사랑하는 성도님들과 중보 기도자들이 생각나 서 눈물이 났다. 너무 소중하고 귀한 사람들!

예약이 되어 있지 않던 심혈관 주치의는 갑자기 요청한 진료를 받아주고, 병원 문 닫는 시간을 넘겨 가면서까지 남편을 봐주었다. 벌써 두 번째다. 그리고 이번에는 남편을 위해 기도도 해주었다. 본인도 크리스천이라면서. 의사들 도 너무 좋은 분들을 만나서 감사하다.

계속된 기다림과 진료로 지친 걸음을 옮기면서 남편이 한 말,

"두 달 또 벌었네!"

우리는 요즘 두 달짜리 인생을 살고있는 것 같다.

주님, 남편은 독한 항암 약을 견뎌내며 길어지는 투병으 로 인해 몸이 많이 쇠약해졌어요. 항암 부작용 외에도 여러 가지 합병증을 겪고 있기도 해요. 여전히 힘들고 고통스럽 지만 그래도 두 달 더 소망을 안고 가게 하시니 감사합니다.

매일 맞이하는 아침이 감사합니다.

마더스 데이

2023년 5월 14일 주일

내가 내 자녀들이 진리 안에서 행한다 함을 듣는 것보다
더 즐거움이 없도다 (요한3서 1:4)

어제저녁 교회 집사님으로부터 메시지 하나가 도착했다.
목사님이 기운을 좀 내셨으면 하는 마음으로 이 좋은 소식
을 빨리 전하려고 했다면서 시작되는 메시지는 이러했다.
집사님이 몇 주 전 텍사스에서 직장생활하는 아들을 방문
했을 때 아들이 하는 말이, 엄마 교회의 투병하시는 목사님
과 가족들에게 선물을 드리고 싶어 엄마네 교회에 헌금을
하겠다고 했다는 거였다. 엄마도 흔쾌히 그렇게 하라고 했
단다.
그 선물은 바로, 정성스럽게 쓴 손 글씨 카드와 적지 않은
액수의 수표였다. 카드도 선물도 깜짝 선물이었지만 전화
상으로 들려온 그 집사님의 마지막 신앙고백이 나를 울게

만들었다.

"저에게 있어 가장 훌륭한 마더스 데이 선물이 되었어요. 요한3서 1장 4절 말씀을 붙들고 기도합니다. 사랑합니다."

"네, 집사님 저도 사랑합니다."

집사님이라고 재정적인 필요가 왜 부족하지 않겠나? 나도 아들만 둘 둔 엄마로서 아들이 저렇게 한다면 한 번쯤은 망설여졌을 수도 있을 것 같은 것이 내 솔직한 마음이다. 수표의 액수가 적지 않았으므로.

그런데 오히려 20여 년이 넘도록 아들을 키우면서 어머니 날에 받은 그 어떤 선물보다도 훌륭한 선물이 되었다고 고백하는 집사님의 신앙고백에 숙연해졌다. 당신이 수표를 직접 받는 것 보다 당신의 자녀가 '주님의 진리 안에서 행하며 자라는 것을 보는 것' 이 더욱 큰 선물이 되었다니 ….

'그래, 저런 엄마 밑에서 바로 저런 아들이 나오는 거로구나!'

나도 저런 엄마가 되고 싶다.

주여, 신실한 믿음의 엄마와 아들로 인해 기뻐하실 하나님을 찬양합니다. 그런 두 사람과 교제하게 하신 하나님께 감사합니다.

내 곁에 계시는 주님 (1)

2023년 5월 16일 목요일

　남편이 1년 넘도록 투병하고 있으니 여기저기에서 이런 저런 얘기들이 들려온다. 간혹 어떤 사람들은 우리 남편을 위해 기도하는 중에 무얼 들었다든지 무얼 봤다든지 그런 얘기를 해주는 사람들이 있다.

　사람들은 결론을 빨리 알고 싶어하는 습성이 있는 것 같다. 결론이 긍정이면 아무리 힘들어도 믿음을 가지고 담대하게 나아갈 수 있을 거라고 여기기 때문이다. 나도 그랬다. 매우 이성적인 사람이라 여겨왔던 나도 남편의 큰 병 앞에서는 결론을 알려달라고 꽤나 긴 시간을 하나님께 매달렸었다. 하지만 하나님은 여전히 나의 물음에 침묵하고 계시며 투병의 시간은 길어지고 있다.

　- 지난 토요일 오후, 항암 부작용으로 온종일 먹질 못하고 통증과 씨름하다 지쳐 누워있는 남편을 보는 게 너무 힘

들어 나도 기운 없이 소파에 누워있었다. 그때 갑자기 우연히 틀어놓은 찬양 중에 시편 8편 그 곡이 들렸다.

　여호와 우리 주여, 주의 이름이 온 땅에 어찌 그리 아름다운지요, 어찌 그리 아름다운지요!

〈시편 8편〉

　시편 8편은 주일에 있을 야외예배에서 남편이 말씀을 전하기 위해 찾아놓은 본문이었다.

'저렇게 아파서 예배에 갈 수 있을까?'

하고 염려했으나 하나님은 예배 가운데 특별한 힘을 주셨고 남편은 말씀을 잘 전하고 왔다. 어쩌면 우리는 그렇게 매일 기적의 삶을 살고 있는 것이다.

　- 오늘도 이번 항암 결과를 보며 마음이 무너져 있는 내 귀에 찬양이 들린다.

　내가 천사의 말 한다 해도 내 맘에 사랑 없으면 내가 참 지식과 믿음 있어도 아무 소용 없으니….

〈내가 천사의 말 한다 해도〉

　이번주 주일 특송으로 찬양대에서 연습하고 있는 곡이다.

　- 교회 찬양팀에서도 주일에 부를 찬양을 선곡해서 금요일이나 토요일 오전 중에 보내오면 세 곡 중에 한 곡은 꼭 라디오에서 나오거나 우연히 틀어놓은 찬양 중에 그 곡이

들어있어 내 귀에 들린다.

주님은 내게 결론을 말씀하시진 않지만 때마다 찬양으로 응답해 주신다. 마치,
"내가 너의 곁에 있어! 너의 기도를 듣고 있어!"
라고 말씀하시는 듯….

주님, 저는 알고 있습니다.
주님의 관심은 '결론' 이 아니라 '제가 얼마나 주님과 깊은 교제를 나누는가' 에 더 관심이 있다는 것을요. 제가 주님 때문에 평안하며 주님 때문에 길을 잃지 않기를 원합니다.

나를 위한 장치

2023년 6월 27일 화요일

조지아에 있는 큰아이가 전화를 걸어 내게 이렇게 물었다.

"엄마는 아빠 간병하면서 힘들 땐 어떻게 풀어요? 만나서 얘기 나눌 사람은 있어요? 무슨 취미나 마음을 잡을 수 있는 그런 게 있어요?"

걱정이 한껏 묻어나는 목소리였다.

"걱정마! 엄마는 엄마 살겠다고 무작정 나가서 걷기도 하고 믿을 만한 사람들을 찾아다니면서 마음을 토해내고 울기도 해. 그리고 얼마 전부터는 일주일에 한 번 줌바댄스도 하고 있어. 물론 못 갈 때가 더 많지만…."

그렇게 안심을 시켜주었다. 사실 난 퍼즐을 정말 좋아하지만 그걸 할 만한 여유는 없다. 글 쓰는 것도 좋아하는데 요즘은 이전과 달라진 일상으로 글을 쓸 시간이 나질 않아서 일기라고 명명해 놓고는 며칠씩 몇 주씩 모아 한꺼번에 몰아서 쓰기가 일쑤다.

나보다 1년쯤 먼저 암투병하는 남편을 간병하던 집사님이 계셨다. 늘 집사님의 남편을 위한 기도 제목을 주시곤 했던 어느 날,

"이제는 저를 위해서도 기도해 주셔야 해요. 간병하는 저도 너무 힘이 듭니다."

라고 하시면서 전화기에 대고 우셨던 일이 있었다.

내 주변 사람들도 나에게,

"투병하는 목사님도 힘들겠지만 사모님도 너무 힘들테니 마음도 잘 지키고 건강도 잘 챙겨야 해요."

라고 말씀하신다. 그런 얘기를 들을 때마다 나는,

'그래도 생사를 넘나드는 병을 갖고 독한 항암 치료를 하는 남편이 더 힘들지.'

그렇게 생각해 왔지만…,

맞다! 나도 힘들다!

가족도 지척에 없어 교대할 사람 하나 없고, 한국처럼 항암 환자를 위한 음식 배달이나 보호자가 쉴 수 있도록 환자가 얼마간 입원하며 치료받을 수 있는 시설조차 주변에 없으니 말 그대로 나는 24시간 붙박이 간병인이다.

통증으로 괴로워하는 남편을 보며 해줄 수 있는 건 없고 나도 가슴이 터질 것같이 힘들 때 그때, 기도 외에 내가 살기 위해 하는 몇 가지가 있다. 나를 버티게 하는 '나를 위

한 장치' 라고나 할까? 그나마도 남편이 잠들거나 한두 시간 정도 남편 혼자 있을 수 있다고 판단이 될 때만 가능하지만 말이다.

그 하나는 '걷기' 다. 나는 운동을 잘하지 못하고, 잘하지 못하니까 좋아하지도 않는다. 그런데 남편을 간병하면서 걷는 것이 좋아졌다. 너무 힘들 때 나는 무작정 밖으로 나와 집 주변을 걷는다. 멀리 갈 수도 없어 몇 바퀴씩 집 주변을 돈다. 한 시간 혹은 한 시간 반 정도 걷고 나면 답답했던 가슴이 좀 후련해진다.

다른 하나는 내 마음을 받아 줄 수 있는 사람들을 찾아가서 '울고 오는 것' 이다. 주로 가는 곳은 우리 집 가까이에 있는 교회 권사님의 도넛 가게. 가게를 하시니까 댁으로 가는 것보다 드나들기가 쉽다. 죄송한 얘기지만 권사님한테 방해가 되든 말든 내가 너무 힘드니까 일단 나 살겠다고 간다. 너무 좋은 분이라는 걸 아니까 그렇게 할 수 있는 것이다. 권사님이 바쁠 때는 가게 코너 한켠에 살짝 앉아있다가 손님이 없으면 권사님과 얘기를 나눈다. 그리고 운다. 그러면 권사님이 내 손을 잡아주며 위로해 준다. 나는 그게 너무 위로가 된다. 남편이 투병하는 동안 얼마나 많이 갔는지 모른다. 항암 치료를 시작하면서 살이 빠지고 머리카락이 빠지고 외출하는 것을 꺼려했던 남편도 권사님네 도넛 가게를 다니면서 외출에 대한 용기를 낼 수 있었다.

밖으로 나가지 못할 때는 전화를 걸어서 운다. 주로 한국에 있는 언니나 교회 여자 장로님 그리고 다른 몇 사람. 내가 전화를 걸어서 울면 받아줄 수 있는 좋은 사람들이 내 곁에는 있다. 감사하다.

오늘은 밖에 나와 걸으면서 걷는 것만으로는 안 될 것 같아 한국에 있는 친구에게 전화를 걸었다. 시차도 있고 오랜만의 전화라 기대하지 않았는데 단번에 받았다. 그래서 너무 힘들다고 실컷 울면서 쏟아내고 위로받았다. 그렇게 하고 나면 다시 힘이 난다.

나는 천상 막내인가 보다. 어떤 사람들은 절대 울지 말라고 하지만 나는 울보다. 남편이 보지 않는 곳에서 울음으로 쏟아내고 위로를 받는다. 운다는 것은 가슴에 담아두지 않고 표출 한다는 것이니까 건강한 감정을 유지할 수 있는 한 방법이라고 나는 생각한다.

때로는 엄마같은 우리 교회 어르신 권사님들과 집사님들이 나를 불러내서 점심을 사주시고 마음을 만져주신다. 정말 고마운 분들이다.

주여, 저에게 사랑하는 사람들 주셔서 감사합니다. 함께 이기에 이렇게 걸어갈 수 있음을 고백합니다.

부분관해

2023년 6월 29일 목요일

남편은 그동안 항암 약이 잘 듣질 않아 지금 하고있는 세 번째 약까지 오게 되면서 1년 반 동안 항암 36회, 방사선 25회를 받았다. 투병이 길어지면서 체력이 약해져 5월부터는 항암 약의 용량을 20% 줄여서 하게 됐는데 하나님의 은혜와 많은 분들의 기도로 1년 반 만에 오늘 처음으로 '경미한 부분관해'라는 판정을 받았다.

부분관해라는 것은 암 크기가 50% 이상 줄어들고, 새로운 병변 없이 그 상태가 한 달 이상 지속되는 것을 말하는데 남편의 경우는 37%가 줄었기 때문에 '경미한' 이라는 단어가 붙은 것 같다. 종양의 크기는 줄었어도 혈관침윤은 여전하고 합병증도 있지만 그럼에도 불구하고 붙들고 가시는 하나님의 손길을 의지하며 또 싸워나갈 힘을 내본다.

주님, 이런 반전을 허락하시다니요! 끝도 없이 치솟는 쵀

장수치 때문에 낙담도 하고, 항암 약 용량까지 줄여져서 종양이 커지면 어떻게 하나 노심초사하고 있던 저희에게 쓸데없는 생각에 휘둘리지 말고 주님만 바라보라는 뜻인 줄 알고 감사드립니다. 그런데 주님, 남편이 힘든 치료를 버텨낼 수 있도록 도와주세요. 불쌍해서 못 보겠어요.

모든 인생이 공짜가 없다

2023년 7월 27일 목요일

아침 일찍 작은아이가 인턴으로 일하고 있는 회사에 아이를 내려주고 왔다. 1학년을 마치기도 전에 인턴 합격이 되어 여름방학 때부터 일을 시작했다. 우리 아이 포지션의 선임자는 3학년 때 시작해서 졸업 전에 정직원으로 취직이 됐다고 한다. 우리 아이도 방학 중에는 풀타임으로 학기 중에는 파트타임으로 계속 일할 것을 권유받았다.

회사는 재택근무로 일해도 된다면서 노트북과 모니터, 공장 출입을 위한 특별한 모자와 부츠, 가방과 소품들 그리고 가장 갖고 싶었던 회사 출입증을 제공해 주었다. 월급도 주고, 401K(미국 은퇴연금)도 넣어주고, 여름학기 미리 한 과목 듣고 있는 수업료($1,100)도 지급해 준다고 했단다. 정말 감사하다.

평소에는 아침 8시부터 잠깐 점심 먹고 오후 4시까지 재택근무를 하는데 중요한 미팅이 있거나 공장에 가야 할 일이 있을 때는 회사를 나간다. 회사에도 자기 책상과 또 다른 컴퓨터가 있다고 했다. 오늘도 공장 출입이 있어 회사에 들어오라고 했다면서 부츠와 모자를 쓰고 가방을 메고 가는 아이. 회사에 들어가는 아이를 차로 태워다 주면서 출입증을 찍고 들어가는 아이의 뒷모습이 사라질 때까지 나는 한참을 바라다 보았다.

어느 밤, 우리 둘이 살짝 티격태격하는 일이 있었다. 그때 작은아이가 내게 이런 말을 했었다.

"엄마는 제발 스트레스를 받지 말고 살라고요. 아빠도 스트레스가 많아서 저렇게 아픈 게 아닌가요? 엄마까지 잃을 순 없어요."

하면서 울먹거리는 아이.

왜 '잃는다'는 표현을 썼을까? 암 중에서도 제일 독하다는 췌장암에 기도하며 기다리는 좋은 소식은 오지 않고 길어지는 아빠의 투병을 보면서 아이는 두려움이 있었나 보다. 작은아이는 아빠가 투병하는 이때, 자기가 엄마 아빠를 위해 무엇을 할 수 있을까를 고민하다가 재정적으로 빨리 독립을 하는 것이 지금 자기가 할 수 있는 최선이라는 생각이 들어서 적극적으로 인턴을 지원한 것이라고 했다.

'어머나!'

나는 지금까지 그 아이가 형 따라 조지아텍 가라는 엄마의 바람을 보란 듯이 잠재우기 위해 인턴을 따내려고 그렇게 열심히 뛰어다닌 줄 알고 있었던 거다.

'우리 막내 다 컸네!'

모든 인생이 공짜가 없다. 남편의 투병으로 아이들이 철이 든다. 나도 깊어진다. 성도님들이 헌신자로 세워져 간다. 교회가 부흥을 한다. 이 모든 것이 하나님의 사랑이고 은혜이다.

주여, 당신의 깊은 뜻을 제가 어찌 다 헤아릴까요. 겸손함으로 주님 앞에 나아갑니다.

내 곁에 계시는 주님 (2)

2023년 8월 25일 금요일

9/17 찬양 〈그 사랑〉: 당신은 알고 있나요 우리를 위한 그 사랑
9/24 찬양 〈내 평생에 가는 길〉
[9월 셋째, 넷째주 특송제목]

이번 주에 메이요 클리닉에 다녀왔다. 여섯 번째 방문이다. 이번엔 처음으로 둘만 다녀오게 되었다. 금식해야 하는 남편은 물도 한 모금 못 마시고 폭염주의보가 내려진 길을 가야 했고 나는 처음으로 혼자 먼 길을 운전해야 했다. 게다가 즐거운 소풍 길도 아닌 치료 여행길을. 그래도 감사한 것은 그동안 누군가 늘 동행해 주는 사람이 있었다는 것이다.

얼마 전부터 남편의 배꼽 주변에 딱딱한 무언가가 잡히는 게 느껴진다. 아니라고 부인하고 싶지만 지역 병원 주치의

는 전이된 암인 것 같다고 했다. 발걸음을 뗄 때마다 배에 힘이 가해져 이제는 통증 때문에 걷기가 어렵다. 그나마도 항암 치료로 쇠약해진 남편과 한 번이라도 같이 걸을라치면 남편의 발걸음에 보조를 맞추느라 나는 매우 느린 걸음으로 걸어야 했는데 이제는 같이 걷기조차도 어려워진 것이다.

　병원 스케줄로 이번 주말이 바쁠 것 같아 교회 찬양대 선곡을 미리 해놓고 출발했는데 메이요 클리닉에 올라갈 때는 라디오에서 〈그 사랑〉이 흘러나오고, 집에 돌아올 때는 〈내 평생에 가는 길〉이 흘러나온다. 특히나 〈그 사랑〉은 정말 오래된 곡이어서 자주 접하기 쉽지 않은 곡인데….

　'이런 우연이…?'

　우리는 서로가 쳐다보며 우리만 아는 미소를 지었다. 하나님은 고통받고 있는 자들에게 가까이하신다. 주님은 또 그렇게 찬양을 통해 '내 곁에 계시다'고 말씀하시고, 우리는 또 그 힘 받아서 주어진 길을 간다. 모든 것을 하나님께 맡기며.

　주여, 오늘은 찬양을 올려드립니다.
　하나님께로 더 가까이 갑니다 고통 가운데 계신 주님
　변함없는 주님의 크신 사랑 영원히 주님만을 섬기리
　[올네이션스 경배와 찬양 〈하나님께로 더 가까이〉]

하나님의 은혜

2023년 9월 1일 금요일

나는 오늘 지나온 시간을 돌아보며 그간 남편의 투병을 통해 보여주신 '하나님의 은혜'에 대한 긴 글을 쓰려고 한다.

#1. 투병의 시작

2021년 10월 초, 교회창립 20주년을 아주 은혜롭게 마치고 남편은 통증을 호소하기 시작했고 그해 12월에 췌장암 판정을 받았다. 췌장은 암이라고 말할 때 다 같은 암이 아니다. 췌장은 생긴 모양이 옆으로 길어서 머리, 몸통, 꼬리로 나뉘어 불리는데 종양이 머리 쪽에 생기면 황달 증상이 나타나 발견하기가 비교적 용이하고, 발견이 빠르다는 것은 그만큼 수술 확률의 가능성이 크다는 것을 말해준다.

하지만 꼬리 쪽에 생긴 종양은 발견이 어렵고 위치상으로 혈관을 감싸고 있어 수술이 어렵다. 그래서 환자가 통증을 호소할 때는 이미 진행이 많이 된 상황이 대부분이고 4기로 전이되는 것도 시간문제인데 남편의 종양은 하필 꼬리쪽에 있었다.

#2. 메이요 클리닉 추천

이미 통증을 호소하고 있던 남편은 처음 발병 당시 췌장암 3기로 종양이 혈관을 감싸고 있어 수술이 불가능했기 때문에 화학 항암요법을 먼저 하게 됐다. 그런데 시작한 지두 달 만에 첫 번째 약이 반응하지 않았고, 그 후에 이어진 두 번째 약도 반응하지 않았다. 그 사이 종양은 커졌고, 지역 병원 수술 의사는 남편을 전 세계에서 찾아온다는 미네소타에 있는 메이요 클리닉에서 치료받을 수 있도록 추천해 주었다.

병원 관계자들은 메이요 클리닉에서 남편 같은 사례가 거절된 적도 많고, 상위 병원에서 받아주는 것을 기다린다고 해도 통상적으로 6개월 이상 걸릴 것이라고 말해줬는데 그들의 말을 보기 좋게 뒤집듯 하나님은 남편을 한 달 만에 메이요 클리닉으로 보내주셨다. 그렇게 우리는 세 번째 약으로 2주일에 한 번씩 하는 화학 항암요법은 지역 병원에서 하고, 두 달에 한 번 CT를 찍을 때는 메이요 클리닉을 방문하는 소위 말해 '치료 여행' 이라는 것을 시작하게 되었다.

#3. 췌장암 4기 판정

처음 메이요 클리닉을 방문한 작년 10월 중순, 췌장암 수술 권위자라는 의사가 아주 작은 암세포는 팻스캔(PET scan)이나 씨티스캔(CT scan)에서는 보이지 않는다면서 복강경 시술을 통해 남편의 상태를 눈으로 확인해보고 싶어 했고, 의사는 남편에게 간과 복부 내벽으로 암세포가 전이된 게 보인다면서 4기 판정을 내렸었다. 메이요 클리닉 수술 의사는 CT 스캔을 통해 보이지 않았을 뿐 남편은 아마도 지역 병원에 있었을 때, 그때부터 벌써 4기였을 거라고 했다.

자라난 종양이 혈관을 눌러 피가 원활하게 통하지 않아 작년 10월 첫 방문 때 남편은 메이요 클리닉에서 혈관 스텐트 삽입 시술을 했고, 이제는 혈전까지 생겨 아침과 저녁 하루에 두 번씩 스스로 혈전 주사를 놓고 있다. 하나님이 메이요 클리닉으로 보내주시지 않았다면 혈관 문제 때문에 더 먼저 쓰러졌을 수도 있었고 앞으로 이어질 치료계획을 생각해보면 메이요 클리닉으로 보내주신 것은 '하나님의 은혜'이다.

세계적인 병원이라서 혹시나 수술 가능성에 대한 얘기를 들을 수 있을까 기대하고 갔던 낯설고 낯선 치료 여행은 말 그대로 슬픔이었다. 그 무섭고 겁나는 여행길을 우리 부부만 보낼 수 없다며 신시내티에 사시는 목사님이 동행해 주셨다. 10시간이 넘는 거리를 운전하고 오셔서 우리를 태우고 3시간 반이 넘도록 운전을 해주시고, 3박 4일 동안 병원에서 온갖 보호자 역할을 다 해주신 후 우리를 집에 내려주고 똑같은 길을 되돌아가셨다. 그 이후로도 목사님은 한 번 더 그 길을 동행해 주셨다.

#4. 생명은 주님께 있다

남편이 투병하는 동안 나는 수도 없이 '왜요, 대체 왜요?' 하고 울부짖으며 하나님과 씨름했고, 그 사이 '생명은 주님께 있다' 라는 사실을 알려주시는 세 가지 일들이 내 주변에서 일어났다.

- 사랑하는 지인 사모님이 편찮으시다길래 몇 년 만에 전화로 안부를 드렸었다. 목소리도 명랑했고, 수술도 잘 되고, 일반병동으로 옮기셨다면서 당신 몸보다 우리 남편의 건강을 더 걱정하셨던 사모님이 그 통화 후 며칠 만에 하나님의 부르심을 받았다. 믿을 수 없었다.

- 어느 날 오후, 남편의 안부를 묻는 지인과 얘기를 나누면서 아주 잠깐 부럽다는 생각을 했었다. 그분은 나와 대화를 마치고 집에 가면 건강한 가족들이 기다리고 있겠지만 나는 이제 집에 가면 아픈 남편이 병마와 싸우는 모습을 봐야 했으니까. 그런데 그 지인이 다음 날 아침에 갑자기 잠

자리에서 일어나지 못했다는 소식을 듣게 되었다. 나는 하나님 앞에 납작 엎드렸다. 회개가 쏟아져 나왔다.

　- 작년 겨울에는 사상 초유의 눈 폭풍이 온 줄도 모르고 가족이 모두 함께 메이요 클리닉에 갔다가 집으로 돌아오는 길에 죽음의 문턱을 경험한 일도 있었다.

　이틀 동안 엄청난 양의 눈이 내렸고, 바람이 사방팔방으로 불어대면서 쌓인 눈들을 여기저기로 옮겨 길을 없애는 상황이었다. 잠시라도 자동차 와이퍼를 멈추면 차 유리창에 얼음이 쌓였고 히터를 높은 온도로 틀어대도 발이 시릴 정도로 차 안에서도 추위를 느꼈다. 게다가 우리 차에는 무서운 눈 폭풍 외에도 엄청난 통증과 싸우는 안쓰러운 남편이 있다.

　아무것도 안 보여 차를 세우고 내리자니 얼어 죽을 테고, 차에 타고 있자니 그대로 다른 차에 치여 죽을 판이었다. 전진할 수도 멈출 수도 없이 한 치 앞도 안 보이는 하얀 구름 속에 우리 차만 둥둥 떠 있는 듯 너무나 무섭고 두려운 순간들이 계속되었고, 말로만 듣던 대륙의 눈 폭풍을 말 그대로 길 위에서 체험하는 순간이었다.

　30년 운전경력인 나는 겁에 질려 두방망이질 치는 가슴으로 조수석에 앉아,

"주여, 주여 살려 주세요!"

라는 기도만 무한 반복했고, 3년 운전경력인 큰아이가

오히려 침착하게 그 모든 상황 속에서 운전하고 숙소를 알아보고 대처했다.

마침내 고속도로도 차단이 됐다. 눈을 뜨고도 보이지 않는 길을 감각으로 겨우겨우 찾아 어느 작은 낯선 동네에서 하룻밤 머물기로 결정하고 숙소로 향했는데 숙소도 이미 꽉 차서 방을 구하기가 어려웠다. 방을 구하지 못한 사람들은 여관 로비 바닥에 앉아 몸을 녹이면서 여관 주인이 친절로 베푼 쿠키를 먹으며 허기를 달랬다.

우리는 아픈 남편으로 인해 가까스로 방을 하나 구할 수 있었는데 그 동네에 폐업으로 영업을 하고 있지 않던 다른 허름한 여관이 응급상황으로 손님을 받아줬기에 가능했다. 오래 방치되어 있던 여관은 당연히 엉망이어서 씻을 수도 없었고, 건강한 우리도 불편한 그 잠자리를 통증과 함께 감내하는 남편이 나는 너무 가여웠다. 그래도 그날은 몸을 누일 곳이 있다는 것에 감사할 따름이었다.

숙소는 해결이 됐고 이제는 먹거리가 문제였다. 음식을 살 수 있는 곳도 없었지만 한 발짝 발을 떼어 밖에 나갔다가는 다시 돌아올 수 있다는 보장이 없는 바깥 상황인지라 이미 점심까지 굶은 상태인 우리는 지쳐갔다. 환자까지 데리고 점심 저녁을 모두 쫄딱 굶을 뻔했는데 마침 차 트렁크에 마트를 하시는 장로님이 싸주신 즉석식품이 생각났고 그렇게 우리는 허기를 달랠 수 있었다. 장로님은 매번 메이요 클리닉을 갈 때마다 한 보따리씩 먹거리를 싸주셨었는데 그게 효자 노릇을 했다. 고마운 장로님.

그날의 광경은 마치 재난 영화의 한 장면 같았고 우리는 결국 3시간 반 정도면 집에 도달하는 길을 1박 2일에 걸쳐 돌아와야 했다.

속수무책으로 순식간에 눈 속에 차가 빠지고, 마치 교묘하게 우리 차만 피해서 가듯 우리가 타고 있던 차 바로 앞과 뒤에서 여러 차례 사고를 목격한 우리는 하나님이 우리 가족을 그분의 날개 아래 품어 보호하시고 건지셨다고밖에는 달리 설명할 길이 없었다.

그런데 다음날 집으로 돌아오는 길은,

'세상에…! 아름다워도 이렇게 아름다울 수가 있을까!'

집 밖으로 나오지 않았다면 평생에 보지 못할 창조주만이 창출해 낼 수 있는 자연의 아름다운 광경이 눈앞에 펼쳐져 있었다. 광활한 대륙에 뒤덮인 눈, 숲과 나무에 걸린 하얗고 투명한 눈얼음 위로 떨어지는 햇살의 아름다움은 경이롭기까지 했다. 그동안 투병에 매달리느라 바람 한번 못 쐰 우리 가족에게 잊지 못할 여행길을 주님이 선물로 안겨주신 것만 같았다.

어제의 '거대한 눈 폭풍의 두려움'과 오늘의 '기막힌 자연의 아름다움'이 교차 되면서 이 땅을 주관하시고 생명을 주관하시는 하나님 앞에 경외심을 느꼈다.

#5. 아픈 것도 사역이다

남편은 그동안 그 독한 화학 항암요법을 견뎌내며 외투를 입고 신발을 신고 체중을 재도 106파운드(48 킬로그램)도 나가지 않는 뼈만 남은 앙상한 몸으로 매주 주일예배의 자리를 지켜내고 있다. 항암 치료를 하고 맞이하는 주일은 영상 설교로 대체하고, 그다음 주일은 실시간 설교를 하며 강단에도 서고 있다. 이 또한 남편의 의지와 더불어 교회의 사랑과 배려가 아니었다면 어려웠을 것이다.

모세의 두 팔이 내려오지 못하도록 양팔을 받쳐주었던 아론과 훌 같은 두 분의 장로님이 남편의 양옆에 버티고 계셨고, 매일 밤 10시 기도회와 토요기도회 그리고 하루가 멀다고 사택의 벨을 눌러 음식을 배달해 주시고, 같이 울어주시고, 위로와 격려를 아끼지 않으시는 사랑하는 성도님들이 계시기 때문에 가능했다. 투병하는 목사님 강단 지키는 데 함께 기도를 보탠다며 한국말 잘 못하시는데도 예배를 나오시는 미국 성도님들도 계시다.

열심히 사역하며 뛸 때는 보이지 않던 교회의 부흥이 담임목사인 남편의 투병이 시작되면서 보여지기 시작했다. 오랫동안 기도해 왔던 교회학교와 찬양대가 세워지고, 전도 대상자들이 교회에 나오고, 캠퍼스 사역의 지경이 넓어졌다. 지난주에도 청년 세 명이 교회에 등록했다. 다음 주에도 새 가족 여섯 명이 오기로 했다. 그리고 6~7년 동안 한국인 한 명도 없던 지역 미국 신학교에 한국 청년이 와서 교회 문을 두드리고 있고, 그 신학교는 우리 교단에 관심이 많다.

목사님은 생사를 넘나드는 투병 중이라 온전한 사역을 하지 못하고 있는데 성도님들은 믿음으로 성장해 가면서 교회 곳곳에서 굳건히 자리를 지키고 교회는 부흥을 경험하고 있다. 이 일을 어찌 설명할 수 있을까…!

"아픈 것도 사역인가 보다"

라고 고백한 남편의 말이 이제는 어록이 되었다.

#6. 항암치료 중단

지난주 메이요 클리닉 여섯 번째 방문을 마지막으로 남편은 이제 더 이상 화학 항암요법 치료를 하지 않기로 했다. 발병한 지 2년여가 되어가고 항암 치료를 시작한 지 1년 8개월. 그동안 남편은 항암 40회와 방사선 25회를 했다. 항암 40회라고 하니 의사들은 우리 남편에게 화학 항암요법으로는 최대치라고 했다. 처음 병을 진단받고 치료를 기다릴 때도 40일을 기다렸었다. 성경에서도 40이라는 숫자는 여러 가지로 의미가 있는데….

40년 광야와 같았던 40번의 항암치료.

"여보, 그동안 너무 고생했어요! 애썼어요!"

40년 광야 생활에도 하나님의 은혜가 있었듯, 고난이었고 고통이었지만 우리도 그 안에서 하나님의 은혜를 고백하는 여러 감사한 일들이 있었다.

#7. 새로운 기대, 임상시험

임상시험을 결정하기 전에 남편은 유전자 검사라는 것을 했다. 기존에 나와 있는 신약 중에 남편의 유전자와 맞는 약이 있는지를 찾아보기 위해서였다.

임상 의사는 이러한 검사를 통해 남편의 병이 부모로부터 오게 된 것인지 자녀들에게도 영향을 미치는지 알아볼 수 있다고 했는데 검사결과는 '음성'으로 남편의 병이 부모로부터 온 것도 아니고 자녀들에게 영향을 미치지도 않는 것이라고 판명이 됐다. 아이들을 생각할 때 엄마인 나로서는 남편의 병이 유전적인 요인이 아니라는 것에 감사했지만 '양성'이었다면 기존 신약 중에서 남편을 위해 쓸 수 있는 약을 찾아볼 수도 있었다는 의사의 말에 나는 정말이지 남편이 딱해서 울고만 싶었다.

이제 남편은 임상시험을 참여해 보려고 한다. 메이요 클리닉에서 항암 치료를 시작할 때 임상시험에 대한 것도 같이 진행해줬다. 그만큼 어렵고 미리 준비해야 한다는 의미다. 맞는 약을 찾기도 어렵고, 유전자 일치라든지 체력이라든지 대상자가 되기 위한 조건도 까다롭고, 임상이 오픈되는 날짜도 환자의 건강 상태와 맞아야 해서 원한다고 다 할 수 있는 것도 아니다. 임상시험에 대해 미리 준비해 놓았어도 날짜가 맞지 않아서 오픈을 기다리다가 유명을 달리하는 환자들도 많다고 했다.

그런데 안타깝게도 세계적인 병원이고 임상시험에 대한 엄청난 연구 센터를 갖고 있다는 메이요 클리닉에도 남편에게 맞는 임상 약은 없었다. 그나마 임상 의사가 남편의 경우와 가장 가깝다는 약 한 개를 찾아주면서 하는 말이,

"이건 이대로 진행할 테니 다른 약도 찾아보세요"

라고 했다. 임상은 철저히 개별적인 병원 위주라서 다른 병원에 있는 약에 대해서는 메이요 클리닉에서 접근할 수가 없다고 했다. 우리가 개인적으로 찾아보고, 일일이 전화해 보고, 신청해야 한다고 했다. 투병과 간병만으로도 힘에 부치는 상황인데 누가 이 부분을 시간 내서 도와줄 수 있을까? 우리에게는 엄청난 숙제였다.

그러던 어느 날, 언니네 교회 권사님의 아드님이 미국 유타주에서 나에게 메일을 보내 왔다. 어머님을 통해 전해 듣고 우리 남편을 위해 기도하고 있는데 당신 아들이 다니는 제약회사에서 이번에 췌장암 환자를 위한 임상 약을 개발해 임상 사이트에 올렸다는 내용이었다. 암 중에 가장 독한 암이 췌장암이라 하고 항암 약도 임상 약도 제일 없는 게 췌장암인데 메이요 클리닉에도 없는 임상 약이 설마 우리가 필요로 하는 이 시점에 개발이 됐을리가….

두근거리는 마음으로 제약회사 사이트에 들어가 보았다. 정말로 약이 올려져 있었고 그 약은 하물며 남편의 유전자를 표적해서 치료하는 '표적 치료제'였다. 게다가 그 약을 소지한 병원이 우리 가정을 돕기 위해 메이요 클리닉까지 두 번이나 운전해 주셨던 목사님이 사시는 신시내티에 있고, 병원은 목사님 댁에서 25분 거리에 있었다.

'이럴수가! 미국이 대륙인데…?'

소름이 돋았다. 짜 맞춘 '무엇' 같았다.

임상시험을 하게 되면 처음 얼마 동안은 그 지역에 머물러야 한다고 했다. 수많은 검사와 갑자기 생길 응급상황에 대해 해당 병원이 대처해야 하기 때문이다. 그러면서 약이 잘 반응하는 것이 입증되면 메이요 클리닉을 다녔던 것처럼 두 달에 한 번씩 신시내티에 가야 한다. 이 모든 일에 남편과 나만 덩그러니 놓였다면 어땠을까? 그런데 하나님이 사랑하는 목사님 가정을 가까이에 두셨다. 정말 은혜가 아닐 수 없다.

항암을 진행하면서 지난 3월 대기자 명단에 올려놓기 위한 전화를 했을 때는 항암 치료를 진행하고 있는 환자는 안 받는다고 해서 거절을 당했었다. 그리고 5월에 전화했을 때는 무슨 일인지 한번 밖에 전화한 적이 없는 남편을 기억하면서 항암 치료를 하고 있는지 묻지도 않고, 7월에 대기자를 위한 방문을 하라고 예약을 잡아줬다. 어리둥절해 있던 우리가 나중에 알게 된 사실은 메이요 클리닉의 임상 의사가 우리가 요청하지도 않았는데 개인적으로 신시내티에 있는 병원에 연락해서 '나용호라는 사람을 대기자 명단에 올릴 수 있도록 받아주라'고 추천해줬다는 것을 알게 됐다. '하나님의 은혜'다.

#8. 신시내티 여행

임상시험 대기자 명단에 올려놓기 위한 신시내티 병원 방문은 너무나 힘이 들었다. 비행기 대란으로 비행기가 취소되고, 놓치고, 연착되고… 나 혼자 아픈 남편의 보호자가 되어 다녀오기란 그야말로 가시밭길이었다.

걷기가 힘든 남편을 위해 휠체어 서비스를 신청했는데 환승을 위해 내린 달라스 공항에서는 어쩐 일인지 전동차 서비스를 이용해야 했다. 전동차 서비스는 여러 사람이 같이 타고 있어서 이동 방향이 가까운 순서로 내려주는데 우리가 아무리 다음 비행시간이 촉박하다고 얘기를 해도 운전해 주시는 분은 괜찮다는 말만 연발하면서 다른 사람들을 먼저 내려주더니 급기야 우리는 코앞에서 비행기 문이 닫히는 걸 봐야 했다.

비행기가 아직 이륙을 안 한 상태라는 걸 확인하고 나는 용기를 내어 아픈 남편의 병원 시간 때문에 우리가 그 비행기를 꼭 타야만 한다고 공항 직원에게 설명을 했다. 하지만 그 직원은 신경질적인 태도로 태워줄 수 없다고 말하면서 자꾸만 이러면 경찰을 부르겠다고 전화 수화기를 집어 들었다.

 그때, 남편이 울었다.

 늘 나를 지켜주고 내게는 산 같았던 남편이 내 앞에서 사람들 앞에서 어린아이처럼 울었다. 빼빼 말라 기운도 없고, 통증은 심하고, 비행기는 놓치고, 어찌해야 할지 몰라 아이처럼 우는 남편의 안쓰러운 얼굴에 가슴이 너무 아팠다.

 결국 우리는 공항창구로 가서 다음 비행기를 알아보았다. 창구 직원은 우리에게 다음 비행기에도 자리가 안되면 그 다음 비행기를 타야 한다고 했다. 어쩔 수 없이 언제 갈 수 있을지 모르는 확정 안 된 표를 받아들고 대기석으로 돌아와서 앉아있는데 게이트 앞에서 아이처럼 울었던 남편의 얼굴이 자꾸 떠올라서 큰아이에게 전화를 걸어 상황 설명을 했다. 그랬더니 큰아이가 전화 끊지 말고 공항창구로 가서 다시 줄을 서라고 했다.

 아이가 시키는 대로 줄을 섰다가 내 차례가 되자 직원을 바꾸라는 아이의 말에 직원에게 양해를 구하고 전화를 내밀었다. 그 직원은 아이와 통화를 하면서 몇 번이나 미안하다는 말을 하고 몇 번이나 비행기 표를 발권했다 찢기를 반복하더니 마침내 바로 다음 시간으로 확정된 비행기 표를 내 손에 들려줬다. 나중에 큰아이의 말을 들어보니까 아픈 아빠와 보호자인 엄마에게 당신네 공항 직원들이 너무나 예의 없이 굴었다면서 조목조목 따져줬단다. 그래서 그 직원이 미안하다는 말을 몇 번이나 했나 보다.

"여보, 우리 아들 영어도 잘하고 똑똑해서 나랑 당신이랑 속상한 거 대신 풀어줬네요. 아들 낳고 키워서 우리 잘했다. 그렇지요?"

우리는 그렇게 아들로 인해 속상한 마음도 달랬고 확정된 비행기 표도 확보할 수 있었다.

하지만 그것도 잠시, 공항 대기시간이 길어지자 남편은 진통제를 복용하고도 통증 때문에 고통스러워했다. 그런 남편이 안쓰러워 나는 어떻게든 남편을 누울 수 있게 해줘야겠다는 생각밖에는 없었다. 그래서 무작정 공항 내에 있는 정보센터를 찾았고 때마침 거기에 있던 직원에게 남편의 상황을 설명하고 누울 수 있는 장소가 있는지 물어보았다. 그런데 정말 그런 장소가 있다는 것이었다. 기장들이나 승무원들이 비행시간이 남을 때 잠시 들러 낮잠을 자거나 쉬는 곳인데 돈을 지불하면 승객들도 쉬거나 일을 할 수 있다는 정보를 듣고 다시 또 전동차를 타고 찾아갔다.

미니트 스윗(Minute Suites), 달라스 공항에는 정말 그런 곳이 있었다. 1시간에 60불 정도 되었다. 성도님들과 지인들이 보내주신 후원금으로 비행기 표도 마련했으니 이럴 때 쓰라고 주신 거라고 생각해서 두 시간 결제를 했다. 신시내티를 갈 때 그리고 아이오와로 돌아올 때도 우리는 그 시설을 두 번 다 이용했다. 그곳에서 남편은 잠시나마 쉬면서 잠깐이라도 잠들 수 있었고 나는 그사이 혼자 식사를 하고 남편의 먹거리도 사다가 챙겨주었다.

그렇게 우여곡절 끝에 우리는 마침내 신시내티에 도착했다. 낯선 사람들 틈에 힘겨웠던 하루를 보낸 나는 공항에서 기다리고 있던 낯익은 얼굴을 보는 순간, 이젠 남편의 보호자가 나 혼자만은 아니라는 안도감에 그제야 큰 숨을 내쉴 수 있었다.

병원에서는 상담을 위한 방문, 검사를 위한 방문 이렇게 두 번을 방문한 후에 임상시험이 오픈되면 참여할 수 있도록 전화를 준다고 했는데 메이요 클리닉 임상 의사의 친절로 인해 남편은 검사과정도 생략하게 되었다. 먼 곳에 사는 우리에게는 이 또한 '하나님의 은혜'였다. 어렵고 힘들지만 하나님은 늘 '피할 길'과 '은혜'를 곳곳에 놓아 주셨다.

임상시험을 하려면 마지막 항암 치료를 끝내고 그 항암약이 몸속에서 빠져나가는 동안 시간이 필요하다고 하는데 빠르면 9월에 전화를 준다고 했으니 항암 치료를 중단하고 9월에 임상시험을 시작할 수 있게 된다면 이 또한 기막힌 하나님의 타임라인이다.

임상시험은 말 그대로 '시험'이다. 먹는 약이니 주사요법인 화학 항암요법보다는 복용 방법은 수월할 수 있겠지만 이것도 항암 약이기 때문에 부작용이 있다고 한다. 어쩌면 고생만 하다가 끝날지도 모른다. 그렇다 할지라도 남편의 희생은 헛되지 않을 것이다. 남편도 자의적으로 임상시험에 참여하기를 원했고, 남편에게는 약이 반응하지 않는다고 해도 다음에 이 약을 쓸 환자들을 위해 귀한 자료로서 역할을 하게 될 테니 말이다.

#9. 기적을 살다

우리 남편의 싸움은 아직 끝나지 않았다. 노인과 달리 세포분열이 왕성한 50대 초반 췌장암 4기 환자가 2년여 가까이 40회 화학 항암 치료와 25회 방사선 치료를 견뎌내며 살고 있다는 건 하나님이 '그 생명을 붙들고 계시다'는 증거이기 때문이다.

"나용호 목사님은 이미 기적의 삶을 살고 있다"
라고 말해주는 사람들도 많다.

임상시험을 기다리는 동안 아무런 치료도 하지 않고 있기 때문에 이 기간에 암과 싸워 이기려면 우리 남편은 하루하루를 감사하며 잘 먹고 많이 웃어야 한다. 주변에 계시는 여러분들이 우리 남편이 많이 웃을 수 있도록 만나주시고 얘기도 나눠주시고 시간을 보내주시길 바란다.

주여, 저와 우리 가족은 이렇게 기도합니다.

- 나용호 목사를 통해 하나님의 영광이 드러나기를
- 지체되지 않고 임상시험에 참여할 수 있기를
- 보험을 통한 임상시험 비용이 잘 해결되기를
그리고 주님, 우리는 마지막까지 열심히 싸워보겠습니다.

내 평생에 가는 길

2023년 9월 3일 주일

　지난 8월 25일 여섯 번째 메이요 클리닉 방문이 마지막 치료 여행길이 될 줄도 모르고,
　"여보, 이번에 메이요 클리닉에 다녀오면 힘을 내서 주일 예배 때 찬양대와 이 찬양을 한번 같이 해 보면 어떨까요?"
라고 제안했던 약속을 남편이 지켜줬다.

　내 평생에 가는 길
　순탄하여 늘 잔잔한 강 같든지
　큰 풍파로 무섭고 어렵든지
　나의 영혼은 늘 편하다
　내 영혼 평안해
　내 영혼 내 영혼 평안해
　[새 찬송가 413장]

어떻게 해서라도 살아내기 위해 삶에 대한 의지를 가지고 어렵고 어려운 항암 치료를 버티고 견뎌왔던 우리에게 이제는 병원에서 더 이상 해줄 게 없다는 판정을 받은 그 서글픈 날, 주님은 우리의 찬양에 대한 약속을 아시는 듯 집으로 돌아오는 그 길에서 라디오를 통해 이 찬양을 들려주셨다.

주님은 그렇게 찬양을 통해 우리 두 사람의 마음을 위로해 주시며 '우리 곁에 계시다'고 또 한번 말씀하신다.

남편은 항암 치료가 중단된 일주일 뒤에 주님과 나와 성도님들 앞에서 그 약속을 멋지게 지켜냈다.

"여보, 고마워요! 앞으로도 파이팅!"

주님, 당신의 종 나용호 목사의 찬양 들으셨지요? 기쁘게 받으셨지요?

어떤 상황에서도 평안할 수 있는 그런 믿음 주세요.

우리 곁에 계셔주세요.

남편의 여동생들

2023년 9월 14일 목요일

남편에게는 시카고 부교역자 시절부터 인연을 맺어온 자칭 누나들이 있다. 신앙적으로는 사역자로서 존경하지만 일상에서는 누나가 없는 남편에게 누나들처럼 챙겨주는 좋은 분들이다. 신학생 남동생을 일찍이 하나님 품으로 보내고 우리 남편을 마음의 남동생으로 여기며 인연을 이어오신 분도 계시다. 지금도 여전히 기도해 주시고 함께 울어주시는 것 외에도 아이오와에 오실 때마다 남편과 내가 먹고 싶어 하는 음식(여기에서는 구할 수 없는)들을 물어보면서 사다 주시고, 해오시고, 먹이시고, 냉동실에 넣어주고 가시는 누나들.

세상에 이런 누나들이 없다.

그런 누나 부대에 이어 이젠 남편에게 여동생들도 생겨났다. 이 중 한 가정은 안식년으로 미국에 오신 분들로, 남자 집사님은 남편에게 힘이 되어주고 싶다면서 틈만 나면 사택 근처로 내려와서 남편과 한참을 대화하고 시간을 보내다 가신다. 그 부인 여집사님은 매번 도시락을 싸서 같이 오시거나 혹은 남자 집사님 편에 보내시거나 한다. 집도 가깝지 않은데 말이다.

한동안은 밖에서 만나다가 남편의 거동이 힘들어지면서 이젠 사택으로도 오신다. 두 남자분이 시간을 보내다가 남편이 힘들어서 침실에 들어가면 남자 집사님은 혼자 거실에서 책을 보거나 하면서 한참을 기다리신다. 그러다가 남편이 거실에 나오면 또 잠깐이라도 대화를 나누기도 하고 그렇게 자신의 계획은 뒤로 한 채 남편에게 조금이라도 힘이 되어주기 위해 모든 걸 맞춰주신다. 메이요 클리닉에 갈 때도 여러 번 운전해 주고 싶다고 말씀하셨는데 매번 우리가 동행이 있어 같이 가지 못하게 되면 기도와 응원의 메시지를 항상 보내주셨었다. 내겐 큰 힘이 되었다.

부인 여집사님은 집에 오시면 피곤한 나를 대신해 우리 남편의 팔을 주물러 주시기도 한다. 여집사님이 남자 목사님 팔을 주물러 준다고 하니까 이상한가? 그렇지 않다. 그 모습은 존경이고 사랑이다. 항암 치료를 해 본 사람들은 모두 알고 있다. 독한 항암 약으로 인해 얼마나 육신이 피곤한지…. 주물러 준다는 수준 또한 힘에 부치도록 주무르는 게 아니라 뼈만 앙상하게 남은 몸이라 그냥 비벼주기만 해도 암 환자들은 시원해한다.

나도 수시로 남편을 주물러 주긴 하지만 살림에, 간병에, 남편을 대신하는 교회 사역까지 더해져 안마까지는 정말 해내기가 어려웠다. 그래도 가끔 팔을 쓰다듬어주면 남편이 자기도 모르게 '아휴, 시원해!' 하는 말을 내뱉는 걸 보면서 다른 시간엔 몰라도 매일 밤 10시 기도시간이 되면 기도시간 내내 40여분 이상 남편의 등을 계속 쓸어내리면서 주물러 주었다. 2년여가 지속되니 이러다 지문이 다 닳겠다 싶었다. 팔도 너무 아프다. 그걸 알고 그 여집사님이 집에 오시면 나를 대신해서 해주시는 거다.

"저를 그냥 여동생으로 생각하시면 좋겠어요" 그러면서 ….

그리고 그 모습은 정말 여동생 같은 그림이다.

거실에서 남편은 소파 제일 바깥쪽에 앉는다. 거기가 남편의 자리인데 한번은 내가 방에 잠깐 들어가서 일 좀 보고 거실에 나왔더니 남편의 오른쪽에서는 남자 집사님이 같이 소파에 앉아 남편의 한 팔을 주무르고 있고, 다른 한쪽에선 여자 집사님이 소파 밑에 쪼그리고 앉아서 남편의 다른 팔을 주무르고 있는걸 보았다. 요즘 한창 TV에서 이단 교주들에 대한 프로그램이 방영 중이었는데 부부가 양쪽에서 목사님의 팔을 주무르고 있는 모습이 앞뒤 맥락 다 자르고 보면 오해하기 딱 좋은 광경이다. 그 모습을 바라보고

있자니 우습기도 하고, 슬프고 고맙기도 하고⋯ 정말 잊을
못할 사랑이다.

　또 다른 더 어린 여동생 부부. 형만한 아우 없다고 나보다
윗사람들에게는 먼저 살아온 세월이 있어 이해받기도 쉽
고 도움받기도 쉽지만 아랫 사람들은 아직 그 세월을 다 살
아보지 않아서 퍼줘야 하는 때가 더 많다고 어른들은 말씀
하시곤 했다. 그런데 '이 부부는 뭐야?' 음식을 해서 사택
으로 가져와 우리를 먹이기도 하고 우리보다도 한참 어린
데 사랑이 너무 많아 형님인 우리에게 넘치도록 베푼다. 어
린 부부에게 이런 사랑을 받아보기도 처음이다.
　한번은 자신의 집으로 심방 겸 초대를 한 적이 있었는데
이런저런 대화를 나누다가 머무는 시간이 길어졌다. 그런
데 그사이에 남편이 그 집 소파에 누워 잠이 든 적이 있었
다. 투병하면서 우리 집 외에 장로님 댁에서 잠깐씩 누운
적은 있어도 잠이든 건 정말 처음 있는 일이어서 나도 깜짝
놀랐다. 그만큼 그 가정이 편하게 느껴졌나 보다.
　"사모님, 목사님이 잠이 드셨나 봐요."
　어린 여집사님의 말을 듣고 내가 얼른 일어나려고 했는데
그 여집사님이 벌써 옷을 가져다가 남편의 배에 덮어주었
다. 그래서 나는 일어나려다 말았다.
　'그래요, 집사님이 목사님 배 좀 덮어주세요. 여동생 없

는 우리 남편 그런 사랑도 한번 받아보게요.'

나는 그런 마음이었다. 여동생이 없는 남편은 투병하는 동안 여동생들이 생겼고 남동생 없는 내게는 그 어린 남자 집사님이 내 마음에 꼭 남동생 같다. 그날 집에 돌아와서 남편이 하는 말이 우리가 식탁 한쪽에서 대화를 나누는 동안 거실 소파에 잠깐 앉았다가 누웠는데 기분 좋은 바람이 솔솔 불면서 잠이 왔다고 했다. 아주 기분 좋게 잤다고 하면서.

남편은 이제 거동이 어려울 정도로 아파지면서 외출을 못하게 되자, 아이들이 사택 거실에 와서 자기들끼리 영화를 보거나 웃고 떠드는 모습을 보는 걸 좋아하게 되었다. 두 여동생 같은 저 집사님들은 남편의 그런 마음을 간파하고 음식을 싸 들고 디저트까지 챙겨와서는 우리를 먹이고 아이들을 거실에서 놀게 한다. 나는 그게 내심 고맙다. 이렇게 병과 싸우는 남편과 간병하는 내게 사택을 경계 없이 드나들며 가족처럼 도와주니 나도 정말 그분들이 남편의 여동생들 같이 느껴진다.

하나님께서는 당신의 자녀들을 통해 일하신다.

'내가 이렇게 사람을 좋아하는 사람이었나?'

나 스스로가 이렇게 묻는다. 남편이 투병하면서 받게 된 사랑 때문인지 내 안에도 사랑이 넘치고 '사람'이 그렇게 좋을 수가 없다. 하나님이 보내주신 사람들. 교회 안과 밖에서 지금까지 받은 이런 사랑과 섬김을 죄다 늘어놓으려면 말로는 부족하다.

우리 교회에는 수많은 엄마들과 형님, 누나들, 언니들, 동생들 그리고 아들과 딸들이 있다. '예수 그리스도 안에 우리는 한 가족'이란 말을 체험하고 있다. 우리 교회 밖에 있는 사람들이 우리 교회를 궁금해하는 것이 이해가 된다.

이런 교회가 지구상에 없다!

주여, 사람이 교회이지요. 저요, 이 교회 이 사람들 정말 다 사랑합니다. 주님이 우리를 이런 좋은 교회의 한복판에 놓아주셨네요. 개척교회 할 때 우리 너무 쓸쓸하고 힘들었는데 사는 동안 이런 믿음의 공동체 만나서 함께 사랑하고, 사랑받고, 나눌 수 있게 해주시니 감사합니다. 사람을 사랑하는 법을 은혜교회를 통해 배웁니다.

예수 그리스도의 피를 나눈 사랑

2023년 9월 20일 수요일

지난주일 예배 후에 장로님 두 분과 남편 그리고 나 이렇게 넷이 교회 사무실에서 만났다. 처음 병을 진단받았을 때도 장로님들의 배려로 교회를 사임하지 않고 여기까지 왔는데 임상시험을 기다리고 있는 지금은 아무래도 우리가 먼저 사임에 대한 말을 꺼내야 할 것 같아서였다. 이 착한 장로님들은 절대로 우리에게 먼저 그런 말씀을 하실 수 없는 분들이기에….

역시 예상대로 장로님들은 이번에도 남편의 사임을 만류했고, 오히려 같이 울어주시고, 위로해 주시고, 보듬어 주시는 게 아닌가! 끝까지 같이 하신다면서. 우리 교회는 도와줄 수 있는 다른 사역자도 하나 없는 교회인데 말이다.

만남을 끝내면서 선임 장로님께 마침기도를 부탁드렸는데 장로님이 너무 많이 우셨다. 기도를 제대로 잇지 못할 정도로 우셨고 우리 세 사람도 같이 따라 울었다. 그날 우리는 교회 사무실에서 실컷 울었다.

다음 날 아침 일어나보니 새벽 3시에 선임 장로님으로부터 이런 메시지가 와있었다.

'우리는 참으로 하나님의 사랑 안에 축복받은 사람들입니다. 우리 교회는 목사님의 투병에도 불구하고 한 방향으로 나아가고 있습니다. 우리는 그리스도의 사랑으로 강하며 우리가 모두 목사님 뒤에 서 있다는 것을 아시고 계속 힘을 내세요. 우리는 끊임없이 계속 기도하고 있습니다.'

주님, 이게 바로 주님의 몸 된 교회 안에서 예수 그리스도의 피를 나눈 형제자매의 사랑이라는 거군요. 이 사랑을 어찌할까요! 주님은 이 투병의 시간들을 통해 무엇을 이루기 원하시나요?

사랑은 담벼락을 넘어서

2023년 9월 29일 금요일

　사랑의 섬김은 교회 담벼락을 넘어 지역사회에까지 번져 가고 있다. 아이오와가 작은 이민 사회라 교회 울타리를 넘어 알음알음 알고 지내는 분들이 여럿 있기는 하지만 직접적인 연결고리가 없는 분들도 남편의 투병이 알려지면서 인터넷을 통해 개인적으로 응원의 메시지를 보내오거나 직접 쓴 카드를 집 앞에 두고 가기도 하고 여러 모양으로 본인들도 마음을 같이 하고 있다는 표현을 해주신다.

　교회 주일예배에 오셔서 함께 예배드리고 얼굴 보고 인사하고 가신 분들도 여러분 계셨다. 그리고 우리 교회 성도님들은 아니지만 몇몇 분들이 모여서 어떤 음식을 어떻게 하면 우리 남편이 잘 먹고 조금이라도 더 기운을 낼 수 있을까를 같이 궁리하면서 계속 음식을 만드시고, 집도 멀리 사시는데 직접 배달까지 해주시는 분들도 계시다. 벌써 몇 번인지 모른다. 입원해 있는 병원에도 음식을 해서 다녀가셨다. 간병하는 나를 초대해 먹이기도 하시고 위로와 힘이 되어주시기도 했다.

며칠 전에는 우리 성도님들 몇 분을 포함해서 그 지역의 여러분들이 저녁 모임을 할 기회가 있었다는데 그때 거기에 모인 분들이 남편의 치유를 기원하는 마음으로 피아노와 비올라를 직접 연주하면서 다 함께 찬양한 음원을 들려주기도 했다.

너의 하나님 여호와가 너의 가운데에 계시니 그는 구원을 베푸실 전능자이시라 그가 너로 말미암아 기쁨을 이기지 못하시며 너를 잠잠히 사랑하시며 너로 말미암아 즐거이 부르며 기뻐하시리라 하리라 (스바냐 3:17)

찬양을 듣는데 눈물이 났다. 진정한 샬롬이란 개인의 평안을 넘어 공동체 안에 있는 한 사람 한 사람까지 평안한 것을 뜻한다고 하는데 우리 남편 때문에 모인 모임이 아닌데도 지역 내 투병하는 목사님을 위해 마음을 모아 찬양의 간구를 드렸다는 사실에 감동이 되었다.

주님, 세상은 정말 혼자 살 수 없는 곳인가 봐요. 함께 걸어가 주는 사람들이 있어서 한결 걸어갈 만하고 한결 든든하네요. 받은 사랑 나누며 살 수 있게 해주세요.

물 위를 걷는 믿음

2023년 10월 7일 토요일

살얼음판을 걷는 것 같다. 빠질까 두렵다.

그러다가 정말 한 발이 빠지기도 한다.

깊숙이 빠진 한 발을 다시 끌어올리는 것이 여간 힘든 게 아니지만 그래도 아직 안 빠진 다른 발이 있어 그 발에 지탱하며 올라오기도 한다. 때로는 누군가 손을 잡아줘서 그 힘에 올라오기도 한다. 그래도 아직 두 발이 다 빠지진 않았다.

그러다 두 발이 다 빠지게 되면 주님은 내게 말씀하시겠지.

'물 위를 걸어오라!'

남편의 투병이 이제 정확히 2년을 넘어섰고, 지난 2년여의 세월은 마치 살얼음판을 걷는 것과 같았다. 나의 한 발이 빠져 스스로 올라올 힘이 없을 때, 성도님들의 사랑과 모두의 기도는 나를 얼음판 위로 다시 끌어올려주는 누군가의 손이 되어주었다.

#1. 첫 번째 입원

남편은 이제 임상시험도 할 수 없게 되었다. 임상시험을 기다리며 아무런 치료도 받지 못하고 있는 시간이 길어지면서 상황이 안 좋아지고 있나 보다.

교회창립 22주년 감사예배를 앞두고 남편은 지난 9월 27일 수요일부터 주일까지 갑작스러운 입원을 하게 되었고 황달이 심해져 황달을 위한 스텐트 시술을 하고 복수도 뺐다. 입원하니 잠자리는 춥고 불편했지만 나는 오히려 조금 더 쉴 수가 있었다. 늘 나 혼자 책임지던 남편을 간호사들이 교대로 들락거리며 남편의 통증을 관리해 주고 상황을 살펴보고 있어서 집에서보다 잠도 더 잘 수 있었다. 하나님이 이렇게라도 나를 잠깐 쉬게 하시나 보다 생각했다.

입원해 있는 동안 성도님들은 여전히 병원으로 음식을 해 오셨고, 스텐트 시술을 하는 동안은 기막힌 타이밍에 집사님 부부를 보내 주셔서 한식당이 없는 아이오와 병실에서 맛있는 한식을 먹고 남편을 보살필 수도 있었다. 감사한 성도님들.

이분들 없었으면 어땠을까…!

#2. 창립 22주년 감사예배 참석 그리고 기념사진

10월 1일은 우리 교회 창립 22주년 감사예배라 꼭 참석하고 싶었지만 주일 아침이라 의사들과 연락이 원활하지 않아 예배는 나만 참석하기로 했었다. 그런데 감사하게도 병원 측의 배려로 퇴원이 허락되어서 우리는 병원에서 부랴부랴 짐을 챙겨 교회로 향했고, 남편도 예배에 참석할 수 있었다. 그래서 창립 22주년 기념사진도 찍을 수 있었다. 나는 그게 너무 감사하다.

#3. 홈케어 간호사가 되어

며칠 전에는 남편이 자꾸만 차는 복수 때문에 배에 구멍을 내고 호스를 심어 집에서도 복수를 뺄 수 있도록 하는 시술을 받았다. 집에 돌아가면 내가 매일 남편의 배에 차는 복수를 빼줘야 한다고 해서 비디오를 보면서 방법을 익히고, 간호사한테 설명도 듣고, 간호사가 보는 앞에서 실습도 했다. 아이들 키우면서 심하게 흔들리는 이 하나도 집에서 빼지 못할 정도로 벌벌 떠는 나인데 다른 사람한테 맡길 수도 없고, 못한다고 할 수도 없고, 물러설 곳도 없어 그냥 내가 맡았다.

막내로 자라면서 늘 산 같은 아빠의 그늘에서 살았고 결혼 후에는 아빠 대신 남편의 보호 아래 살아온 내가 언어도 편하지 않고 친척 하나 없는 이 미국 땅에서 남편의 보호자가 되어 별별 경험을 다 하고 있다. 매일 집에서 복수를 열심히 빼줬는데도 이제 남편은 복수가 고환까지 내려와서 소변을 보기도 힘들어졌고 서 있기도 힘들어졌다. 불쌍한 우리 남편 얼마나 두렵고 무서울까…!

이제는 정말 하나님의 순서만 남았나 보다. 주님은 남편과 내게 그리고 나용호 목사를 사랑하여 지금까지 함께 기도해 온 모든 사람에게 믿음을 보이라고 하신다.
지금 우리가 할 일은 '기도' 그리고 그다음 우리가 할 수 있는 것은 '순종' 밖엔 없다는 걸 나는 알고 있다.

오, 주여! 어쩌면 좋을까요?
주여, 물 위를 걷는 믿음을 주시옵소서!
주여, 우리를 건지시옵소서!

호스피스 하우스

2023년 10월 8일 주일 - 10월 15일 주일

상황이 갑작스러울 만큼 빠르게 흐르고 있다. 췌장암 4기 환자로는 드물게 2년여를 넘도록 견디게 하시더니….

그럼 그간의 고통의 시간은 무슨 뜻이 있어 버티게 하셨을까? 기다리던 임상시험이 건강상의 이유로 거절되어 주님께 푸념하듯 물었다.

'이렇게 될걸, 지난여름에 몸도 안 좋은 사람을 비행기 대란으로 고생 고생하며 그 먼 데까지 큰돈 쓰고 다녀오게 하신 이유가 대체 뭐냐구요?'

그런데 어느 날, 남편이 주님 대신 나에게 이렇게 대답을 해주는 거였다.

"여보, 신시내티 여행이 고생스럽긴 했지만 당신과 단둘이 비행기 타고 여행한 건 처음이라 생각할수록 좋았어!"

'에휴, 치료 여행도 무슨 여행이라고….'

그래, 어쩌면 남편의 말이 맞는지도 모르겠다. 개척교회를 할 때도 아무런 지원 없이 생땅을 파는 개척을 했고, 늘 어려운 이민목회 하느라 그때가 아니었으면 그나마 단둘이 여행 한번 못했겠지.

#1. 주일, 두 번째 입원

남편은 새벽에 응급으로 두 번째 입원을 했다. 남편의 항암 치료가 중단되고 그간 두 번의 입원과 두 번의 시술을 하게 되면서 우리는 결국 호스피스 홈케어를 권유받았다. 그 의미는 이제 치료와 회복에 대한 가능성은 없는 환자로서 '통증 조절이 목적' 이라는 의미였다.

두 번째 입원했을 때는 병원에서 이렇다 하게 해줄 수 있는 것이 없었으므로 홈케어 관계자들이 병실을 부지런히 드나들며 우리가 생명 연장을 위해 불필요한 치료를 하지 않을 것과 호스피스 하우스에 대해 자세한 안내를 해주었다.

많은 만남을 가졌고 이 모든 것을 꼭 환자가 동반된 자리에서 해야 했으므로 우리 남편의 마음이 어땠을지… 나는 남편의 마음을 살폈고 그가 너무 안쓰러워 참 많이 울었다.

이제 투병의 그래프는 치유라는 목적지에 도달하지 못하고 '아래로 아래로' 떨어지고 있다. 하지만 남편은 이 땅의 사명을 다하고 하나님 아버지께로 가는 천국 입성이 가까우니 하나님과 남편이 바라는 그래프는 천국 아버지 집을 향해 '위로 위로' 향하고 있을까? 주여…!

#2. 수요일, 홈케어 시작

병원에서 퇴원하던 날 의료용 기구들이 집으로 배달되었
다. 아빠 보러 온 큰아이와 퇴원 수속을 마치자마자 부랴부
랴 방에 있는 침대를 빼내고, 받은 기구를 설치하고, 옮기
고, 사랑하는 사람들과 집에서 최대한 많이 만날 수 있게
해주려고 집 안에 있는 의자란 의자는 다 찾아서 침대 주변
으로 배치하고 손님들을 위한 음료도 사다 두었다. 그런데
결국 홈케어의 방문객은 시카고부터 인연을 이어온 사랑
하는 교회 안수집사님과 장로님 부부만이 유일한 방문자
로 남게 되었다.

#3. 금요일, 빨갛게 밤을 새우다

남편이 저녁부터 피를 토하기 시작했다. 처음에는 조그만
통에 비닐을 끼워 받아내다가 양이 점점 많아지고 여기저
기 마구 튀는 바람에 좀 더 넓고 큰 통이 필요해 나중에는
환자를 위한 이동식 의료용 좌변기 통을 꺼내 거기에 쓰레
기 비닐을 끼워 받아내기 시작했다. 홈케어 팀에서 가져다
주신 건데 아직 사용하지 않은 깨끗한 기구가 있어서 다행
이었다.

남편이 토할 것 같다고 호소하면 나는 통을 대주고, 토하

고 나면 비닐을 묶어서 쓰레기통에 버리고 새 비닐로 갈아 끼워 대기해 놓는다. 조금이라도 잠을 청하려고 누울라치면 다시 토하겠다고 하는 남편 때문에 나도 같이 밤새 한숨도 잘 수가 없었다. 음식물은 전혀 없고 토해낸 모든 것은 피와 핏덩어리였다.

이런 일이 있을 줄도 모르고 같이 지내고 싶어 하는 남편을 위해 남편과 둘이 쓰던 침대를 내보내고 아이 방에 있던 1인용 침대와 남편의 의료용 침대를 나란히 붙여 놓는 바람에 내가 움직여야 하는 동선이 길어졌다. 침대 사이를 조금만 벌려놨어도 한 발짝만 디뎌도 됐을텐데 디귿(ㄷ)자 모양으로 돌아서 남편에게 다니느라 밤새 더 피곤했다.

침대 사이를 벌려서 동선을 편하게 해야겠다는 잠깐의 생각도 할 수 없을 정도로 피를 토해내는 일은 쉴 새 없이 계속 반복되었고 의료용 침대는 처음이라 어떻게 움직여야 하는지도 생각이 나질 않았다. 다만 피비린내로 몇 차례 구토가 나올 뻔했던 기억이 난다. 너무나 많은 피를 쏟아내는 것을 보면서 무섭고 겁도 났지만 수발해야 할 일이 너무 많아서 나도 제정신이 아닌 밤이었다.

잠깐 쉬었을까? 밤새 피를 토하던 남편이 갑자기 화장실에 가고 싶다면서 일어나더니 얼굴이 하얗게 질린 채 화장실에서 넘어지는 일이 일어났다. 당연히 부축하던 나도 같이 넘어졌다. 어떻게든 일으켜 세우고 일어나야 하긴 하겠

는데 남편의 눈을 보니 벌써 초점이 없는 눈동자는 잠시 의
식을 잃었다는 것을 말해주고 있었다. 아무리 살이 빠졌어
도 남자 몸이라 그런지 나 혼자 도저히 일으켜 세울 힘이
없어 나는 남편의 밑에 깔린 채로 있는 힘을 다해 잠을 청
하러 들어간 큰아이의 이름을 불러댔다.

"석준아, 석준아 아빠 좀…."

그야말로 하얗게가 아닌 빨갛게 지새운 밤이었다.

#4. 토요일, 집을 떠나다

아침에 소식을 듣고 도착한 홈케어 간호사가 지난밤 밤새
피를 토하며 씨름한 우리를 보더니 이젠 호스피스 하우스
에 갈 것을 제안했다. 그리고는 곧바로 전화를 걸어 앰뷸런
스를 보내달라고 요청했다.

집을 떠나기 전, 간호사에게 남편과 잠깐 시간을 보낼 수
있을지 물었고 그녀는 거실에서 기다리고 있을 테니 앰뷸
런스가 도착할 때까지 시간을 가지라고 허락해줬다. 간호
사의 허락이 떨어지자 나는 방문을 닫고 침대에 누워있는
남편의 발톱을 깎아주었다. 양말이 벗겨졌을 때 깔끔하게
보이도록 해주고 싶어서였다. 그리고 혹시라도 지금 나가
는 이 길이 집으로 돌아올 수 없는 길이 될까 싶어 남편에
게 집안 곳곳을 둘러보라고 했고, 둘만의 사랑의 대화도 나
누었다. 아이들도 방으로 들어오라고 해서 우리는 30분 정

도 우리 가족들만의 시간을 보냈다.

#5. 주일, 낯선 곳에서의 첫날 밤

호스피스 하우스에서 첫날 밤을 지나는 새벽, 잠을 설치고 나는 이렇게 글을 쓰고 있다. 남편은 이제 아무것도 먹지 않는다. 떠날 준비를 하는가 보다. 홈케어 시작한지 며칠 만에 적응할 새도 없이 우리는 어제 앰뷸런스를 타고 들어와서 지금 호스피스 하우스에서 첫날 밤을 보내고 있다.

여기에 있는 동안 남편이 보고 싶어한 모든 사람들 다 만날 수 있으면 좋겠는데 통증 때문에 남편은 오히려 더 힘이 들까…? 이제 남편은 말 붙이는 것도 피곤해하고 잘 웃어주지도 않는다. 뼈만 앙상하게 남았는데도 우리 남편 얼굴이 너무 잘 생겼네!

주님, 나용호 목사 당신의 뜻에 맡깁니다.
주님, 나용호 목사에게 가장 좋은 길을 주세요.
주님, 사랑하는 아이오와 은혜교회 성도들 돌아봐 주세요.

See you again!

2023년 10월 23일 월요일

　오늘은 남편이 하나님의 부르심을 받은 지 일주일 되는 날이다. 남편은 10월 16일 월요일 아침 7시 58분 이 땅의 사명을 다하고 하나님의 부르심을 받았다. 홈케어를 시작한지 3일만이고, 호스피스 하우스에 들어간지 3일만인데 췌장암 4기 환자로는 이례적으로 2년의 세월을 견디게 하시더니 하나님이 부르실 때는 일주일도 채 안 되는 빠른 시간에 이 모든 일을 행하셨다.

#1. 주일, 남편의 마지막 눈인사

　10월 15일 주일예배는 큰아이가 아빠 곁에 남기로 하고 나와 작은아이만 교회에 가는 것으로 결정했다. 시카고에서부터 인연을 맺어온 목사님께서 지난번 방문에 이어 마침 아이오와를 지나실 일이 있어 말씀을 전해주시기로 했다. 하나님의 예비하심이다.

"여보, 우리 교회에 갔다 올게요."

하고 볼을 만져주자 남편은 '잘 다녀와' 라고 말하듯 눈을 깜빡여주며 눈인사를 해줬다. 그게 남편과 내가 나눈 이 땅에서의 마지막 인사였다.

예배에 다녀온 그날 오후부터 남편은 사람을 잘 알아보지 못했다. 큰아이는 내가 없는 동안 소변줄을 차고 의식 없이 아기처럼 떼쓰는 아빠를 간호사와 함께 너무나 침착하게 달래며 보살피고 있었다. 미국에 들어올 때도, 개척교회를 할 때도, 아이오와에 올 때도, 남편이 아픈 지금도 우리 가정의 삶을 돌아볼 때 가장 미안하고 고마운 큰아이. 언니는 나와 큰아이를 '영혼의 단짝' 이라고 부를 정도로 큰아이는 내게 늘 '또 다른 나' 였다.

#2. 월요일, 하나님의 부르심

하나님이 남편을 취하시기 전 새벽, 남편의 통증은 극에 달했다. 췌장암의 통증이 얼마나 심한지 알고는 있었지만 나 혼자 그걸 보며 견디기란 너무 힘이 들었다. 남편은 이미 의식이 없었고 마약성 진통제가 15분 간격으로 구강을 통해 넣어지는데도 약이 반응하지 않았다. 나는 정말 많이 울었고, 그 시간 동안 남편의 볼에 입 맞추고 얼굴과 몸을 어루만지며 수도 없이 '사랑한다, 고맙다, 애썼다, 수고 많았다, 당신이랑 살아서 좋았다' 라는 말을 남편의 귀에 대고 말해주며 이별을 준비했다.

그렇게 3시간 반이 넘는 고통의 시간이 지나 아침이 밝아올 즈음 마침내 남편은 고요해졌고 안정을 찾았다.

이제 정말 그가 하나님 품으로 갔다…!

하나님이 이 땅의 사명을 마치고 수고를 다 한 당신의 아들을 마침내 당신 품으로 데려가셨다.

영원한 안식에 들어갔음이 선포되고 아이들이 도착할 때까지 간호사는 내게 마지막으로 남편과 함께 누워보겠느냐고 물었다. 그렇게 하겠다고 대답한 나를 위해 간호사는 이미 굳어지기 시작해 혼자 힘으로는 옮기지 못하는 남편을 다른 간호사들과 함께 도와서 내가 누울 수 있는 자리를 마련해 주었다.

우리는 결혼생활 내내 집을 떠나있을 때를 제외하고는 늘 같은 시간에 같은 자리에 누워 잠을 청했는데 두 번째 입원부터 호스피스 하우스까지 근 열흘 동안은 함께 눕질 못했다. 그래서 나는 간호사가 물어봐 준 배려가 고마웠고 후회하지 않도록 그 제안을 받아들이고 숨이 꺼진 남편 옆에 누웠다.

얼마 후 도착한 아이들과 나는 하나님이 우리 가정에 허락하신 '우리 가족의 영웅'과 마지막 인사를 하고 사랑하는 주님께 그분의 아들을 보내드렸다. 다시 만날 날을 기약하면서….

"여보, 사랑해요! 천국에서 우리 다시 만나요!"
"아빠, 사랑해요! 천국에서 우리 다시 만나요!"
"See you again!"

#3. 계속되는 간증

지난 2년여 동안 그래왔듯이 부르심의 과정 중에도 '하나님의 예비하심'은 여전했다.

- 여느 때처럼 조지아에서 아빠를 보러 오려고 했던 큰아이가 어쩐 일인지 왕복으로 예약한 비행기 표를 취소하고 편도로 바꿔서 예정보다 더 일찍 집에 왔다. 폭풍같이 몰아쳤던 지난 일주일 동안 하나님은 나를 홀로 두지 않으시고 이 모든 일에 함께하도록 미리 큰아이를 보내주셨다.

- 임종 전날 남편은 말끔하게 목욕도 했다. 목욕하면서 보여준 남편의 모습은 마치 어머니의 태 속 양수에서 둥둥 떠다니는 태아처럼 평화로웠다. 매일 병실에서 찬양을 틀어주었더니 목욕시켜 주시는 분이 그걸 알고 음악을 틀어놓고 목욕을 시켜주었고 손톱 밑 끝까지 일일이 다 닦아 주었다. 남편의 손이 너무 예뻤다.

- 커다란 섬김으로 그동안 함께 해주셨던 신시내티의 목사님도 방문하시기로 약속한 날짜보다 앞당겨서 목사님 교회의 주일예배를 끝내자마자 곧바로 10시간이 넘는 거리를 운전하고 오셨다. 하나님은 목사님을 예정보다 일찍

보내주셔서 그 밤, 새벽으로 넘어가는 호스피스 하우스의 마지막 방문객이 되게 해주셨고, 남편의 마지막 가는 길에 주의 종의 기도를 받고 갈 수 있도록 예비해 주셨다.

- 그리고 월요일 아침 일찍부터 달려와 준 성도님들. 남편에게 막내 여동생이 되고 싶다고 자처한 사랑하는 집사님이 문을 열고 들어서자마자 차갑게 식어가고 있는 남편의 얼굴과 어깨를 아랑곳하지 않고 어루만지고 쓸어내리며 주의 종에게 성도로서 들려줄 수 있는 이 땅 최고의 신앙고백을 남편의 귀에 대고 들려주었다.

"목사님, 사랑해요. 고마웠어요. 그동안 목사님이 보여주신 사명과 믿음의 길을 따라 그 길을 그대로 걸어가는 우리가 될게요… 나중에 천국에서 만나요!"

'우리 남편 정말 잘 살았구나! 정말 뿌듯하겠다.'

그 눈물의 신앙고백은 내 평생 잊을 수 없을 것이다.

- 직장에도 양해를 구하고 우리 가족들과 아침 점심을 같이 굶어가며 호스피스 하우스에서 함께 울어주고 곁을 지켜주신 아이오와 은혜교회 성도님들. 그분들은 늘 그래왔듯이 또 다른 이름의 '나의 가족'이었다.

- 남편이 호스피스 하우스를 떠나기 한 시간 전, 나는 그 시간에 아침 일찍부터 달려와 준 성도님들과 함께 예배를 드리고 싶은 마음이 간절했다. 그래서 신시내티에서 오신 목사님께 실례지만 예배 인도를 부탁드렸고 갑작스러운

나의 요청에도 불구하고 목사님은 예배를 인도해 주셨다. 남편이 누워있는 병상에 빙 둘러앉아 사랑하는 성도님들과 함께 즉석에서 드려진 임종예배는 꾸밈없는 날것 그대로의 순수함을 담은 예배가 되어 천상에서 예배를 드린다면 이런 모습이 아닐까 싶을 정도로 은혜로웠다. 나는 그 예배도 평생 잊을 수 없을 것 같다.

#4. 남편이 내게 보여주고 간 사랑

25년 이상 암센터에서 일했다는 홈케어 간호사는 암세포 전이가 빠른 50대 초반 췌장암 4기 환자가 2년여를 살았다는 건 '기적'이라고 했다. 그리고 지금까지 대소변 실수를 한 번도 하지 않고 남편이 혼자 샤워했다는 말에도 놀라워했다.

언니가 내게 이런 말을 했다.

"제부가 저렇게 아픈 몸인데도 혼자 샤워도 하고 너에게 대소변 한번을 받아내게 하지 않고 떠난 것은 사랑한다는 말보다 더 큰 사랑을 보여주고 간거야."

그래, 그 말이 맞나 보다. 예전 어르신들 말씀이 부부로 오래 살다 보면 마지막 헤어질 때 남은 배우자를 고생시키지 않고 떠나는 것이 사랑이라고 하더라. 우리 남편은 마지막 갈 때까지 어쩌면 그렇게 점잖고 선비 같았을까… 고맙다!

#5. 하나님의 응답

임상 시험을 못 하게 되면서 품었던 기도 제목들이 모두 다 응답 되었다.

- 주님, 나용호 목사 당신의 뜻에 맡깁니다.
- 주님, 나용호 목사에게 가장 좋은 길을 주세요.
- 주님, 사랑하는 은혜교회 성도들 돌아봐 주세요.

먼저, 하나님은 이 땅의 사명을 다한 당신의 종을 당신의 뜻대로 취하셨다. 그리고 2년여를 살았다고는 하지만 일상은 고통과 통증에 시달리는 힘겨운 삶이었으니 52세의 짧다면 짧은 생이 아쉽지만 그래도 이제는 눈물과 고통이 없는 하나님 나라에 가서 안식할 것이므로 남편에게는 하나님께로 가는 것이 가장 좋은 길이 되었을 것이다.

마지막으로, 사랑하는 은혜교회 성도들을 위해 교회사역에 지장 없도록 불러 달라고 기도했는데 주일예배를 끝낸 월요일 아침 불러주시니 이 얼마나 감사한지… 좋으신 하나님이 10월 말에 세워둔 교회 행사나 추수감사절, 크리스마스 절기를 다 지킬 수 있도록 아주 마땅한 날에 남편을 불러주셨다.

#6. 사역자로서의 복된 인생 나용호 목사

남편은 늘 하나님께서 은혜를 주시면 개척을 해 보고 싶다고 했었는데 비록 우리의 개척교회가 이 땅 가운데 든든히 서지는 못했으나 그 씨앗의 열매는 언제 어디에서라도 하나님께서 거두실 것이므로 생애 가운데 개척을 해 본 목사로서는 그 뜻을 이룬 셈이다.

남편은 개척의 상황 가운데 간혹 이런 말도 했었다.

"하나님이 내게 씨만 뿌리다 오라고 하시면 씨만 뿌리다 갈 것이고, 혹여 주님이 은혜를 주셔서 뿌린 씨앗에 물 주고 자라는 것까지 보고 오라고 하시면 거기까지 하고 가면 돼. 더 이상 욕심내지 않고 주님이 허락하신 것까지만 하고 나는 그분께 가는 거지."

그렇게 말하는 남편에게,

"그럼 열매는 누가 보는데요?"

그랬더니,

"하나님이 허락하신 사람이 보는 거지"

그랬었다.

그때 나는 '이 사람은 왜 이렇게 욕심도 없나?' 그랬다. 하지만 하나님 앞에 성도들 앞에 진실함 하나로 살아온 남편의 삶의 모습을 가장 근거리에서 본 아내인 내가,

'이 사람은 진정한 목사였구나!'

하고 인정할 수 있으면 그것이 정말 복된 목사 아닌가!

남편은 건강한 상태로 은혜교회 20주년 창립 감사예배와 헌당식을 드렸고 투병 중 창립 21주년을 맞이했다. 그리고

창립 22주년을 맞이했을 때는 병원 입원으로 교회에 가기 어려운 상황이었으나 극적으로 예배에 참석해서 사랑하는 성도님들과 생애 마지막 사진을 남길 수 있었다. 그게 내 마음에 큰 위안이 되었다.

늘 교회를 삶의 우선순위로 여겨 왔던 남편은 은혜교회에 부임할 때도 창립 15주년에 첫 사역을 시작했고, 생애 마지막 2년여의 투병도 교회의 창립 20주년 감사예배와 함께 시작해서 창립 22주년 감사예배를 끝으로 생을 마쳤다.

나의 남편 나용호 목사는 10월 1일까지 강단에 꼿꼿하게 서서 하나님의 말씀을 전했으며 10월 8일까지 예배에 참석했다. 그리고 10월 16일 이 땅의 사명을 다하고 하나님의 천국 부르심을 받았다. 그것도 사랑하는 아이오와 은혜교회 성도님들의 더없는 사랑과 섬김 가운데서.

그러니 사역자로서는 복된 인생이 아닐 수 없다!

#7. 남편의 천국환송예배

10월 21일 토요일, 남편의 천국환송예배는 그의 마지막 생을 다한 사랑하는 은혜교회에서 신학대학원 시절부터 우정을 다져온 남편의 막역한 친구 목사님의 집도로 드려졌다. 그 친구 목사님과 사모님은 장례식 일주일 전에 아이오와에 오셔서 순서지를 만드는 소소한 일부터 화장이 끝날 때까지 화장터에 남아 남편의 마지막 가는 길을 함께 해

주셨다. 나중에 들어보니 우리 남편과 그 목사님은 누가 먼저 천국 부르심을 받고 가든 '서로의 장례를 집도해 주자'는 그런 말을 했었다고 한다.

남편은 생전에 하나님이 자기를 부르시면 그 친구 목사님이나 우리 형부(목사님)에게 장례 집도를 맡기고 싶다고 했었다. 그래서 형부도 그 일을 감당하고자 한국에서 먼 길을 오셨지만 형부는 남편의 미국 이민목회가 오래이니 미국에서 함께 교제를 나누신 목사님들이 집도하시는 게 좋을 것 같다고 하셨다. 그런 연유로 화장예배는 애틀랜타에서 긴 개척 시절 형님처럼 교제를 나누었던 목사님의 인도로 드려지게 되었다.

하나님께서는 생각지도 못한 헌신의 사람들을 통해 비올라 연주도, 피아노 반주도, 조가도 미리 다 예비해 주셨다. 아이오와 지역뿐 아니라 타 주에서도 많은 분들이 예배에 참석해 주셨다.

주님은 더없이 좋은 날씨를 주셨고 먼 곳까지 친히 와주신 남편의 지인들을 위해 은혜교회 여선교회에서는 정말 풍성하고도 멋지게 음식을 차려내셨다. 파란 하늘에 흰 구름, 푸른 풀밭에서 식사하는 그날 야외의 풍경은 마치 천국 잔치를 연상케 했다고 전해준 사람들도 있었다.

성도님들과 지인들은 점심 식사 후에 이어진 화장예배에도 한 시간이나 되는 거리를 차로 이동하며 함께 해주셨다.

한 줄로 난 시골길을 따라 길게 따라오는 긴긴 차량 행렬은 그야말로 장관이었고, 성도님들은 베드로가 그물을 버려두고 예수님을 따라나섰듯 점심 식사와 교회 뒷정리를 하다 말고 모든 걸 그대로 덮어둔 채 화장예배에 따라나섰다고 했다.

#8. 사랑하는 성도님들에 의해 들려지다

화장터로 떠날 때 여섯 명의 운구 위원이 필요했다. 60대 중반이 넘으신 선임 장로님께서 운구 위원에 넣어달라고 하셨다. 이제는 교회 안에 젊은 남자 집사님들과 청년들이 많아서 장로님은 하지 않으셔도 되는데 말이다. 연세도 있으셔서 관이 무겁고 하니 운구 위원은 하시지 말라고 사람들이 극구 말리는데도 자꾸만 원하시는 통에 할 수 없이 내가 장로님과 단둘이 만나서 운구 위원은 안하셔도 된다고 권면을 드렸다. 그랬더니 장로님께서 눈물을 글썽이시며,

"나용호 목사님 천국 가시는 길에 마지막까지 장로로서 목사님에 대한 예우를 다하고 싶어서 그러는 거니까 제발 못하게 하지 마십시오."

그렇게 말씀하시는 거였다.

'아이고 장로님, 제가 이 사랑을 어찌 다 갚을까요?'

나도 같이 울었다. 그런 연유로 남편은 사랑하는 교회 장로님과 집사님들, 청년들에 의해 들려졌다. 그의 영혼은

이미 숨이 떠날 때 하나님에 의해 영광으로 들려졌으리라!

#9. 감사인사

먼저, 7년 동안 함께 교회를 세워가면서 2년이 넘는 긴 투병의 시간까지도 나용호 목사와 우리 가정을 위해 마지막 가는 길까지 함께 해주신 아이오와 은혜교회 성도님들께 깊은 감사를 드린다.

여선교회에서는 남편이 부르심을 받고 천국환송예배를 드리는 날까지 순서를 짜서 매일 하루도 거르지 않고 음식을 만들어 집으로 배달해 주셨다. 한국에서 오신 가족들과 장례 집도를 위해 일주일간 머무셨던 목사님 부부까지 오셔서 함께 먹고도 남을 만한 양의 음식이었다. 이 땅에서 천국 공동체의 모습을 보여주신 사랑하는 은혜교회 성도님들께 머리 숙여 다시 한번 깊은 감사를 전한다.

천국환송예배를 인도해 주신 두 분 목사님과 기도와 사랑과 큰 후원으로 함께 해주신 미주성결교단총회와 교단 목사님들께 감사드린다.

그동안 미국을 넘어 한국과 각처에서 함께 기도해 주시고, 후원금을 보내주시고, 사랑을 보여주신 중보기도자분들께 감사를 전한다. 그리고 메이요 클리닉을 동행해 주시고 먼 이국땅에서 남편에게 동생이 되어주신 20년이 넘는 우정 김목사님 가정에도 감사드린다.

한국에서 시어머님과 목사님인 형부와 언니, 조카가 와서
또다시 우리 살림을 맡아 주고 우리 교회 주일예배를 인도
해 주셨다. 남편의 투병기간 동안 우리를 도울 수 있도록
몇 번이나 담임목사님과 사모님을 보내주신 서울의 교회
에도 감사드린다.

마지막으로, 지역사회 지인들과 나용호 목사의 천국 환송
예배에 참석해 주신 모든 분들께 감사드린다.

진심으로 감사드립니다!

부록1. 천국환송예배 조사1, 나석준

큰아들

오늘 무슨 이야기를 나눌지 생각하다가 아빠가 그리운 마음에 아빠를 추억하면서 떠오른 몇몇 기억들을 여러분과 함께 나누려고 합니다.

2020년 코로나 19가 대유행을 하면서 저도 저의 터전 애틀랜타를 떠나 아이오와에서 5개월 정도 가족들과 같이 지내게 되었습니다. 그때 저는 대학교 3학년이었고 연일 들려오는 뉴스와 더불어 팬데믹으로 인해 확정되었던 회사 인턴이 취소되면서 제가 세운 모든 계획이 멈춰버린 채 갇혀있는 것만 같은 느낌으로 무척 혼란스러웠습니다.
아빠와 저는 자주 산책을 하며 대화를 나누었고 그때마다 아빠는 저의 불안해하고 억울해하는 마음을 만져주시며 위로해 주셨습니다. 빨리 저의 터전으로 돌아가고 싶어 힘들어하는 저를 이해하시면서도 아빠는 저와 5개월이라는 시간을 같이 보낼 수 있어서 행복하다고도 하셨습니다. 지금 생각해보면 그렇게 같이 산책하면서 아빠와 이야기를 나눌 수 있었던 때가 정말 그립습니다.

아빠는 사진 찍는 것도 좋아하셨습니다. 가족 여행을 가면 어떤 때는 10분마다 사진을 찍자고도 하셔서 살짝 귀찮을 때도 있었지만 지금은 사진으로나마 아빠의 흔적이 많이 남아 있어서 아빠에게 감사하는 마음입니다.

제가 애틀랜타에서 고등학교에 다닐 때 아빠는 개척교회를 하고 계셨는데 그 당시 가족을 위해 바쁘게 일하셨던 엄마 대신 라이드도 매번 해주셨고 저의 모든 오케스트라 콘서트와 학교 행사도 빠짐없이 와주셨습니다. 과거의 여러 추억 가운데 아빠와 보낸 소중한 시간들은 저의 가슴에 깊은 감동으로 새겨져 있습니다.

아빠와 나눈 대화 중에서 특별히 기억나는 두 가지가 있습니다. 하나는 저의 진로에 관한 것이었습니다. 아빠는 늘 제가 집에서 멀리 떠나더라도 저의 꿈을 펼칠 수 있는 곳으로 가라고 말씀하셨지만 제가 막상 조지아텍을 선택했을 때 가족들과 좀 더 오래 가까이 있게 되었다고 무척 기뻐하셨습니다.

아빠와 나누었던 또 하나의 기억은 아빠의 사역지에 대한 대화였습니다. 제가 조지아텍 가는 것을 결정하고 나서 저와 좀 더 가까이 지낼 수 있게 되었다고 누구보다 기뻐하셨던 아빠가 새로운 사역지 아이오와에 가는 것을 제가 어떻게 생각하는지 물어보셨습니다.

아빠는 제가 자라는 동안 저의 모든 중요한 순간들을 함께 해주시고 항상 하나님께 기도함으로 저의 든든한 후원자가 되어 주셨는데 어쩌면 제일 중요하고 예민한 12학년 때 함께 하지 못할 수도 있다는 게 안타깝게 느껴지셨나 봅니다. 하지만 아빠는 저와 헤어지더라도 주님의 종이기에 아빠를 필요로 하는 성도님들이 계시는 사명의 땅으로 가시는 게 맞다고 생각하셨습니다. 2016년 아빠는 부르심의 사명이 있는 곳 아이오와로 떠나셨고 저의 12학년 모습을 보시지 못하게 되었습니다.

가장 중요한 시기를 함께 하지 못한 것이 어쩌면 제게 조금은 서운한 기억이 될 수도 있지만 아빠는 아이오와에 오신 이후로 최선을 다해 사역하셨고, 투병하시는 동안 하나님께서 부어주셨던 교회의 부흥과 성도님들의 사랑 그리고 섬김을 보면서 아이오와 은혜교회는 하나님께서 저희 가족에게 허락하신 귀중한 선물이었다는 것을 알게 되었습니다. 그래서 저는 아이오와 은혜교회에 깊은 감사를 드립니다.

아빠가 애틀랜타에서 개척교회를 하실 때 아빠의 사역은

씨를 심는 일인 것 같은데 하나님의 계획 중에 그 열매를 보게 하실지는 모르겠다고 말씀하신 적이 있습니다. 하지만 아빠가 아이오와에 오시고 나서는 하나님의 축복의 열매를 많이 보고 떠나시게 된 것 같아서 마음이 좋습니다.

아빠는 이 세상에서 사시는 동안 아이오와 외에도 많은 곳에 씨를 뿌리고 가셨는데 그 씨앗들도 언젠가 하나님의 때가 되면 멋지게 열매를 맺을 거라고 믿습니다. 그리고 저는 그 열매를 바라보면서 보고 싶은 아빠를 기억하고 추억하며 살아가려고 합니다. 아빠를 아껴주시고 사랑해 주신 여러분도 저의 아버지 나용호 목사님을 기억해 주시길 부탁드립니다.

"아빠, 아빠는 이제 하나님 나라에 계시겠지만 저는 정말 보고 싶습니다. 아빠는 잘 싸우셨고 저는 아빠가 자랑스럽습니다. 이젠 편히 쉬세요. 사랑해요!"

2023. 10. 21.

부록2. 천국환송예배 조사2, 이미화

아이오와 은혜교회 장로

나용호 목사님을 하나님 곁으로 보내드리며 목사님을 추억하여 보았습니다. 신앙적으로는 기쁨으로 드리는 천국환송예배지만 이제 이 땅에서 다시 볼 수 없다는 슬픔은 억제할 수가 없습니다.

목사님의 일생을 생각해보았습니다. 인간적인 시각으로는 척박한 개척교회와 어려운 이민목회 그리고 짧은 생에 대한 안타까움이 있는 것이 사실입니다. 하지만 신앙적인 시각으로 본다면 모친의 서원으로 하나님 앞에 일찍이 바쳐진 선택받은 하나님의 종이었습니다. 나용호 목사님은 예수님의 본을 받아 진리의 길에 서서 성도들을 목양하고 주님의 길로 이끌기 위해 온 힘을 다하였습니다.

부임 초기에 목사님은 주의 성전을 정결하고 아름답게 꾸미기 위해 교회 안팎을 쓸고 닦았습니다. 한 교회에 오랫동안 다녔던 제 눈에는 거슬리지 않았던 것들이 정리되고 가꾸어지는 모습을 보면서 제 안에도 교회라는 공간에 대한 정의가 다시 재정립되었습니다. 주님이 임재 하시는 곳, 예배가 드려지는 공간, 하나님과 소통하는 기도의 자리, 성도들이 교제하며 사랑을 나누는 자리이기에 정결하고 청결하게 다루어야 함을 목사님으로부터 배웠습니다.

목사님은 부임 이후 5년간 예배와 성경공부에도 최선을 다하며 열정적으로 성도들의 영적 성장을 위해 힘을 다하였습니다. 코로나 기간에도 이 열정은 식지가 않아 줌(Zoom)을 통해 새벽예배와 성경공부를 인도하며 영적으로 나태해지지 않도록 성도들을 독려하였습니다.

땀과 온 정성을 기울인 목회가 열매를 맺은 시점은 발병 이후 2년간이었습니다. 열심히 씨를 뿌리고 이제는 달콤한 열매를 맛보며 그 안에 들어가 함께 역동적인 사역을 할 수 있을까 기대했는데 목사님은 아픈 몸이 되어 그저 바라보기만 할 수밖에 없었습니다. 이러한 교회의 부흥이 감사하면서도 목사님에 대한 안타까움에 한동안은 하나님이 야속하게 여겨지기도 했고, 하나님께서 여러 모양으로 은혜를 주시고 길을 인도하시면서도 왜 목사님을 고쳐주시지 않는지 솔직히 때론 원망 섞인 기도도 하였습니다.

목사님은 투병 과정을 통하여 성도들에게 믿음의 본을 보여주셨습니다. 육신의 질병으로 몸도 마음도 영도 지치고 어려웠을 터임에도 목사님은 더욱 강건하게 사명의 자리, 예배의 자리를 지키셨고 자신의 몸보다 교회를, 하나님의 사명을 먼저 생각하였습니다. 혼신의 힘을 다하여 설교를 하고, 인내로 그 시간을 견디는 목사님의 굳센 믿음을 보면서 성도들도 누구 하나 교회를 떠나지 않고 믿음의 자리를 지켰습니다. 목사님은 투병 2년간 상상할 수 없는 고통을 온몸으로 견디어 내면서도 예수님의 발자취를 따라간 진정한 그리스도의 제자의 모습을 보이셨습니다.

목사님에게는 고통이었던 투병의 시간이 교회적으로는 또 다른 성장을 맞이하는 시간이 되었습니다. 이 기간 동안 성도들은 평신도 사역자로서 역할을 감당하며 예배를 인도하고 말씀을 전하는 훈련을 하게 되었습니다. 매일 정해진 시간에 맘과 뜻을 모아 목사님을 위하여, 교회를 위하여, 하나님 나라를 위하여 기도하며 성도들이 하나가 되었고 기도를 습관화하게 되었습니다. 찬양을 통하여 하나님에 대한 사랑을 표현하며 그 기쁨을 알게 되었습니다. 예수님은 고난이 유익이라고 말씀하셨는데 나용호 목사님은 고난을 자신의 온몸으로 받아내며 유익은 성도들이 맛보게 하셨습니다.

우리 성도들은 하나님의 영광이 더욱 드러나도록 목사님의 회복과 치유를 위해 기도하였습니다. 그러나 그 기도의 응답은 이루어지지 않았고, 하나님은 결코 인간의 눈에 만족스럽게 보이는 결말을 주시지 않음도 봅니다. 지금은 목사님이 천국에서 고통 없이 평안을 누리고 계십니다. 고난을 이겨낸 욥이 받았던 회복과 세상의 복은 아니지만 목사님은 이 세상의 복보다 더 중요한 하늘의 상급을 넘치게 받으실 줄 믿습니다.

 목사님은 사역자로서 첫걸음을 시작한 때부터 지난 2년여 투병의 시간까지 이 땅에서의 사명을 다하셨습니다. 항암 치료가 중단된 상태에서도 매주 강단을 지키며 설교를 하셨고 하나님께서는 목사님을 붙들어 주심으로 그가 사명을 다하여 말씀의 단에서 순교하도록 하신 것입니다.
 하나님의 부르심으로 이 땅에서는 목사님의 사명이 끝난 것처럼 보이지만 이후 언제 어디에서 목사님이 뿌려놓은 그 씨가 열매로 열릴지 우리는 모릅니다. 목사님이 사명을 다한 자리에 풍성한 믿음의 결실이 맺혀 좋은 소식이 들려질 것을 기대합니다.
 지금 우리 성도들은 영적 아버지를 여의고 슬픔으로 보내는 시간이지만 목사님의 믿음의 유업을 붙잡고 어려운 시기를 잘 지내는 것 또한 우리가 감당해야 할 우리의 사명임을 알기에 잘 이겨내려고 합니다.
 목사님 편히 쉬세요. 사랑합니다.

2023. 10. 21.

부록3. 예나의 편지, 서예나
아이오와 은혜교회 교회학교

사랑하는 최영훈 사모님께

안녕하세요, 사모님! 저 예나예요. 이번 월요일에 목사님이 천국으로 가신 것 들었어요. 우리 목사님이 옆에 계시지 않아서 저도 '목사님이 계실 때 인사 더 바르게 하고 말도 많이 했으면...' 하면서 후회도 했어요. 그런데 사모님은 얼마나 슬프실까요? 생각만 해도 눈물이 나네요.

그렇지만 힘내세요! 제가 아는 최영훈 사모님은 어떤 일이라도 제일 적극적으로 하시고 용감하게 매일 매일 한발 한발 가시거든요. 저는 사모님의 그런 어떤 상황에도 잃지 않는 보기 좋은 웃음과 활기가 너무 부럽고 가장 멋져요. 지금 상황에서도 사모님만은 흔들리지 않고 한발 한발 더 용감하게 나아가셨으면 좋겠어요.

그리고 사모님은 절대 혼자라고 생각하지 마세요. 어떨

때는 너무 슬프고 괴로울 때도 있으시겠지만 우리 모두 사모님 편이에요. 제가 끝까지 응원할게요! 저희가 한국에 가도 마음으로 응원할게요! 약속해요! 그리고 특히 하나님이 항상 함께한다는 것 잊지 마세요! 그리고 지금 목사님은 천국에서 고통 없이 잘 지내고 계실 거에요. 시간이 지나고 사모님도 천국에 가시면 그때는 행복하게만 사실 수 있을 거예요.

힘내시고 하나님이 사모님의 모든 일에 함께일 거라 믿어요! 그리고 당연히 저희도요. 건강하시고 힘내세요!

사랑해요!

예나 올림. 2023. 10. 21.

교회학교 서하나 그림

2부
회복

남편의 다짐

2023년 11월 8일 수요일

나의 다짐 My Pledge

　- 첫 번째 다짐: 그리스도의 남은 고난을 그의 몸된 교회, 아이오와 은혜교회를 위하여 내 육체에 채우겠습니다.

　- 두 번째 다짐: 교회의 일꾼으로 충성하며 교회를 섬기겠습니다.

　- 세 번째 다짐: 예수 그리스도 중심으로, 복음 중심으로 사역하겠습니다.

　- 네 번째 다짐: 은혜교회 성도님들 한 분 한 분이 그리스도 안에서 완전한 자로 세움을 받을 수 있도록 내 속에서 능력으로 역사하시는 이의 역사를 따라 힘을 다하여 수고하겠습니다.

[2016년 11월 13일 남편의 주일설교 중 '나의 다짐']

　한 사람의 삶의 흔적을 정리한다는 것이 참 쉽지 않음을 실감한다. 남편이 하나님 품으로 가고 슬퍼할 겨를도 없이 나는 법적인 것과 행정적인 정리의 숲에 내던져졌다. 하지만 이건 잠시일 뿐 감정을 정리하는 일은 더 오래 걸리겠지. 우리 가족뿐 아니라 긴 시간을 함께 동행해 주신 성도님들도 그러리라 여겨져 더욱 기도하게 된다.

며칠 전, 남편의 전화기를 정리하다가 사진 한 장을 발견했다. 사진에는 '나의 다짐'이라는 제목 아래 네 가지의 다짐이 적혀있었다. 며칠 동안 그 사진이 언제 어떻게 만들어진 것인지 궁금해하고 있었는데 오늘 아침 남편의 컴퓨터 속 수많은 설교 중에서 '우연히' 그날의 설교 원문을 발견했고 나는 마치 보물을 찾은 듯 소름이 돋았다.

설교를 읽다 보니 그 사진은 남편이 2016년 9월 말 은혜교회에 부임하고, 그해 11월 13일에 전한 주일설교의 스크린 중 하나라는 걸 알게 됐다. 부임 당시 큰아이가 12학년이어서 남편 먼저 아이오와에 왔고 나와 아이들은 8개월 늦게 왔기 때문에 저런 설교를 했는지 몰랐다. 그리고 설교 원문에는 저 나의 다짐 외에도 설교 말미에 이런 내용이 있었다.

저는 아이오와 은혜교회 역사에 '평생을 예수 그리스도와 그가 십자가에 못 박히신 것만 알기로 작정한 목사, 그리스도와 고난의 증인으로 평생을 묵묵하게 섬기며 살았던 목사'로 남았으면 좋겠습니다.

[2016년 11월 13일 남편의 주일설교 중]

한국에 있는 가족들과 지인들이 영상을 보고 싶어 해서 남편의 천국환송예배 때 비디오 촬영을 했었다. 그 영상 편집이 막바지에 이르러서 오늘 아침에 마지막으로 수정할 기회가 있었는데 '마침내' 남편의 유언과도 같은 저 내용을 영상에 넣을 수 있어서 정말 감사했다.

주님 안에서 우연이란 없다. 나는 그것을 하나님의 예비하심이라고 말하고 싶다. 우리의 원함이든지 아니든지, 작든지 크든지 성경의 룻기처럼 '우연히'인 줄 알았는데 '마침내'로 귀결할 수 있는 일들을 보면서 주님은 늘 우리와 함께하시며 우리를 인도하고 계시다는 것을 깨닫게 된다.

주님, 저는 주님을 신뢰합니다. 저와 아이들의 삶 속에서 '우연히'인 것 같았지만 궁극에는 그것이 하나님이 예비하신 '마침내'였다는 것을 간증하며 살 수 있기를 기도합니다.

수많은 어머니들의 위로

2023년 11월 12일 주일

만 25세, 갓 결혼하고 뭣도 모르는 새댁에게 남편이 신학생 전도사라는 이유 하나만으로 교회에서는 어르신 집사님들과 권사님들이 나를 사모님이라고 부르셨다. 신앙의 연륜이 깊으신 분들이 내 손을 잡으시며 불러주시던 그 호칭이 어찌나 송구하던지… 어린 초짜배기 사모인 나는,

'겸손하신 저분들께 누가 되지 않게 잘 살아야겠다' 다짐했었다. 그곳이 서울 우리 부부의 신혼 시절 첫 사역지였다.

26년 뒤, 남편을 먼저 천국으로 떠나보내고 그 첫 사역지에 주일예배를 드리러 왔다. 당시 집사님들이었던 분들이 권사님들이 되어 대부분 여전히 계셨다.

"얼마나 힘들었냐"며, "얼마나 고생했냐"며 눈에 눈물이 고이셔서는 저마다 내게 오셔서 손을 어루만지시고, 등을 부벼주시고, 안아주시니 참았던 눈물이 터졌다.

깨알 같은 편지를 써서 주신 권사님도 계셨다. 내가 딱한 마음에 자꾸 눈물이 나서 예배 후에 나누는 점심을 제대로 못 드신 권사님도 계셨단다. 다가오지는 못하시지만 안쓰러운 눈빛을 보여주며 내 주변을 서성이시는 남자 어르신 장로님과 집사님들도 보였다. 그 마음 그 눈빛 나도 다 마음으로 받았다.

'이곳 한국에서도 지금까지 우리 가정이 이런 기도를 받고 있었구나' 생각하니 눈물만 아니라 감사도 터져 나왔다.

여러 권사님들이 말씀해 주셨다.

"나는 33세에 보냈지요."

"나도 아주 젊어서 혼자 되었지요."

"나도 그 마음 그 상황 다 알지요."

어떤 권사님은 나오미처럼 남편과 아들을 동시에 보내신 분도 계셨다.

'아! 이분들이 그 젊디젊은 나이부터 지금까지 평생을 홀로 자녀를 키우며 이렇게 멋지게 교회에서 믿음의 자리를 지켜오셨던 거였구나!'

26년 전에는 보지 못했던 것들이 보였다.

우리 은혜교회에도 형님 같은 장로님, 언니 같은 장로님, 어머니 같은 집사님, 권사님들이 계셔서 남편과 내가 참 많은 사랑과 위로를 받았었는데 잠시 쉬러 온 이곳에도 수많은 어머니들이 계셨다. 친정 같았다. 내게 많은 위로와 본이 되었다.

남편은 천국에서 안식할 테지만 내 마음속에는 아직도 수많은 질문이 자리하고 있다. 제어할 틈도 없이 문득문득 터져 나오는 눈물이 있다. 야곱의 씨름처럼 새벽마다 나는 나의 하나님과 믿음의 씨름을 하고 있다. 슬픔이 차오르면 차오르는 대로 울 것이다. 그냥 그렇게 자연스럽게 흘러가도록 하는 것이 상처를 남기지 않을 것 같기 때문이다.

주님, 두 달 잘 쉬고 은혜받고, 도전받고, 다시 미국으로 돌아갈 때는 지금보다 더 나아져 있기를 바랍니다. 그러다 보면 주님이 언젠가는 저도 누군가의 위로자로 세우시겠지요.

말씀은 살아 있다

2023년 11월 19일 주일

    어려움에 처한 두 사람과 그 둘의 어려움을 깊이 공감하고 있는 한 사람 이렇게 세 사람이 요즘 용기를 나누고 있다. 두 사람의 어려움을 공감하는 한 사람이 내가 한국으로 나오면서 온라인 나눔방을 만들었기 때문이다. 준비 없이 초대된 방에서 어떻게 해야 하나 고민하고 있는데 남편이 생전, 사순절에 매일 한 장씩 성도님들과 용기를 나누었던 일이 생각나서 그것을 따라 용기를 나누고 있다.

    너무나 살고 싶어 했고, 나중에는 깊어진 병색으로 인해 마지막을 준비할 여력도 없이 떠나버린 남편이 야속하기도 하고 내가 모르는 그의 당부의 메시지가 있을까 하여 몇 날 며칠을 남편의 노트북과 책장을 찾아 헤맸었다. 그리고 마침내 찾았다. 정말 하나가 있었다. 간간이 써온 짧은 보고서 같은 노트. 그런데 그것보다 지금 나에게 더 깊은 위로와 힘이 되어주고 있는 것이 지금은 남편의 용기 나눔이다.

2년이 넘는 투병의 시간 동안 통증과 고통으로 싸우면서 본인도 다시금 들여다봤을 그 욥기 묵상이 남편이 떠나고 없는 이 시간에 나를 세워주고 있다.

남편 장례를 치르고 잠시 한국으로 나와 있는 동안 나는 매일 새벽마다 울다, 부르짖다, 묵상하다, 찬양하다를 반복하며 기도로 씨름을 하고 있다. 그러면서 그 안에서 쏘아올려진 여러 'Why'가 있는데 하나님께서 그 물음에 대한 응답을 남편이 생전에 묵상한 내용들로 나에게 당부하고 있음이 느껴진다.

하나님이 빼앗으시면 누가 막을 수 있으며 무엇을 하시나이까 하고 누가 물을 수 있으랴 (욥기 9장 12절)

측량할 수 없는 큰일을 행하신 창조주 하나님께서 우리의 인생 가운데 베푸신 오묘한 섭리를 우리의 미미한 두뇌와 가슴으로 어떻게 이해할 수 있겠습니까? 그러나 신앙인은 나에게 주어진 모든 상황을 하나님의 섭리로 이해하고 믿음으로 받아들일 수 있는 전문가가 되어야 합니다. 인생을 살아가면서 가끔은 하나님께 따져 묻고 싶은 일들을 만나게 됩니다. 그러나 나에 대해 나보다 더 잘 아시는 하나님께서 나를 더 좋은 길로 인도해 주실 것이라 믿기에 우리는 인간적으로 도저히 이해할 수 없는 상황 속에서도 믿음으로 모든 상황을 받아들이는 것입니다.

주신 이도 여호와시요 거두신 이도 여호와시오니 여호와
의 이름이 찬송을 받으실지니이다 (욥1:21)

[남편의 욥기 9장 묵상 중]

말씀은 살아 있다. 남편의 저 묵상이 꼭 그가 목소리로 들
려주는 것만 같다. 참으로 긴 시간을 머리로만 이해했던 이
구절을 이제 현실로 받아들이며 가슴으로 이해한다면 말
씀은 살아 있는 것이 되는 것이다.

개척교회 시절 우리 둘이 너무 힘들었다. 그때 우리가 이
런 대화를 나눈 적이 있었다.

'진정한 믿음이란 무엇인가?'

남편이 아프고 떠난 지금 나는 혼자가 되어 또 되묻는다.

'과연, 진정한 믿음이란 무엇인가?'

남편과 함께할 때도 나는 남편의 설교를 좋아했지만 그가
목사라서 많은 하나님의 말씀을 이 땅에 남겨놓고 간 것이
얼마나 감사한지 모르겠다. 여러 날에 걸쳐 남편이 남겨놓
은 말씀들을 하나하나 차근히 다시 보려고 한다. 이제 남은
'나의 날들' 동안 과연 진정한 믿음이란 무엇인지 그 해답
을 나의 주변에 있는 사람들에게 보이고 증거하며 살고 싶
다. 아니, 그렇게 살아야 한다. 하나님의 말씀을 통해 우리
가족을 치유해 가시는 주님을 나는 기대한다.

God is good!

주님, 주님은 좋으신 분입니다. 주님은 우리를 사랑하시며 우리에게 가장 좋은 것을 주시는 분이심을 믿습니다. 이 모든 상황을 당신의 시선으로 바라보게 하여 주시옵소서!

엄마

2023년 11월 22일 수요일

어젯밤에 엄마 집에 왔다. 엄마와 함께 둘이서 남편의 천국환송예배 영상을 봤다. 엄마는 미국에 와보시지 못한 마음으로 계속 안타까워하셨는데 이렇게 영상으로라도 보게 되니 다녀온 것만큼 흐뭇하다고 하셨다. 남편 생전 영상을 보며 둘이 추억도 더듬고 이별하는 장면을 보며 울기도 했다.

미국에 있을 때, 엄마와 통화하면서 전화기에 대고 이렇게 말했었다.

"엄마, 우리 한국 가서 만나면 남편 없는 과부 둘이 껴안고 울까요?"

그냥… 울음 섞인 농담이었다.

엄마가 어젯밤에 그러셨다.

"막내는 내리사랑이라 그런지 네가 자주 보고 싶었어"

아버지도 막내인 나에게 각별하셨는데 지금 내가 혼자가

된 걸 보셨다면 아버지의 괴로움을 보는 것 때문에 아마도 나는 더욱 힘들었을 것이다. 그래서 어제는 하나님께서 아버지를 남편보다 먼저 불러주신 것이 어쩌면 다행인 것 같다는 생각을 했다.

잠자리에 들어가려고 씻고 나왔는데 엄마가 온열 매트를 켜 놓은 침대 속에 잠옷을 넣어두고 이불을 덮어 두셨다. 내가 추울까 봐 잠옷을 따뜻하게 데워 놓으신 걸 보고 울컥했다.

엄마가 계셔서 좋구나!

어젯밤에 아주 잘 자고 일어났다.

햇살이 쏟아져 들어오는 오늘 아침엔 좋은 음악과 함께 글을 쓰고 있다. 엄마는 나를 먹이시겠다고 전복을 사다 놓고 아침부터 분주하게 요리를 하고 계신다.

엄마네 집 벽에 걸려있는 가족사진에는 그리운 아버지도 보고픈 남편도 다 있다. 고향이 있고 엄마 집이 있어서 좋다. 우리 남편은 더 좋은 하늘 아버지 집 천국에 있으니 좋을까? 나는 보고 싶은데….

주님, 엄마 집에 오니까 좋네요. 이렇게 다 큰 딸 몸 상했을까 봐 아침밥을 지어주시는 엄마를 보니 저도 우리 아이들에게 오래도록 건강한 엄마가 되어줄 수 있도록 힘을 내야겠습니다.

언니, 오빠들

2023년 11월 27일 월요일

'장례식이란, 그립고 보고 싶어 했던 모든 사람을 한자리에 모이게 하는 것 같아요. 정작 그렇게 보고 싶어 했던 당사자는 없지만요'

어느 드라마에서 본 대사이다.

'대전 꼭 내려오고, 얼굴 꼭 보고 가야 한다' 이렇게 글을 남겨주어서 대전에서 지내는 동안 나는 남편의 친구들을 만났다. 나에겐 언니, 오빠들.

교회 오빠였던 남편의 호칭은 연애할 때도 최근까지도 나에게는 오빠였고 우리는 결혼 전 남편의 친구들인 그 언니, 오빠들과 커플로 자주 함께 어울렸었다. 결혼 후에는 남편의 유학으로 우리 둘만 미국행을 택했고 이민 사회의 목회자로 지내다가 25년이 넘도록 이렇게 다 함께 모인 건 처음이었다. 드라마의 대사처럼 정말 보고 싶어 했던 당사자는 정작 없었지만 그의 장례로 인해 우리는 그리움을 추억하는 한 공간에서 그 밤 그렇게 만나고 있었다.

남편의 장례식 때 나는 나즈막한 목소리로 계속 '오빠'를 부르고 다녔다. 막내라서 그런지 나는 오빠라는 호칭이 좋은데 더 이상 오빠라고 부를 사람이 없어져서 슬프다. 그런데 언니, 오빠들을 만나는 순간 그 슬픔을 위로받는 것 같았다. 남편을 함께 추억할 수 있는 오빠라고 부를 수 있는 사람들이 아직 내 곁에 있다는 사실이 너무 좋았다. 남편의 이름과 내 이름을 허물없이 불러줄 수 있는 옛사람들. 남편과 함께였다면 더 말할 나위 없이 좋았겠지만….

언니, 오빠들이 너무 잘 해주었다. 장로님이 된 한 오빠는 주일예배 대표기도처럼 기도문을 써왔다. 감동이었다. 생각지도 못한 후원금도 주셨고 내 선물도 따로 두 가지나 준비해 주셨다. 그리고 서예처럼 정성스럽게 써준 말씀과 글씨. 너무 감동했고 정말 감사했다.

형제들아 자는 자들에 관하여는 너희가 알지 못함을 우리가 원하지 아니하노니 이는 소망 없는 다른 이와 같이 슬퍼하지 않게 하려 함이라 우리가 예수께서 죽으셨다가 다시 살아나심을 믿을진대 이와 같이 예수 안에서 자는 자들도 하나님이 그와 함께 데리고 오시리라 (살전 4:13-14)

찬송하리로다 그는 우리 주 예수 그리스도의 하나님이시요 자비의 아버지시요 모든 위로의 하나님이시며 우리의

모든 환난 중에서 우리를 위로하사 우리로 하여금 하나님
께 받는 위로로써 모든 환난 중에 있는 자들을 능히 위로하
게 하시는 이시로다 (고후 1:3-4)

영훈아, 우리 모두 친구와의 시간을 소중히 간직하며 마
음에 담을거야. 성경말씀이 큰 위로가 되길 기도한다.

[언니, 오빠들이 써준 글]

이젠 살도 좀 붙은 듯, 머리숱도 예전만 못한 듯, 흰 머리
도 살짝살짝 보이고, 이것저것 먹고 있는 약도 많은 듯, 세
월의 변화가 보이긴 하지만 그날 우리 모두에게는 '응답하
라 1990년대' 였다.

"언니 오빠들, 너무 고마워요!"

"사랑해요!"

주님, 오늘 너무 좋고 기쁜데 또 슬프기도 하네요. 남편이
친구들을 얼마나 좋아하는 사람인지 주님이 더 잘 아시지
요? 그 좋아하던 것 다 뒤로 하고 멀리 떠나서 공부하고,
이민사회의 아픔을 보면서 개척하고, 이민사회 목사로 살
았어요. 20년이 넘는 동안 한국은 딱 두 번 갔네요. 조금만
더 이생의 시간을 주셔서 한 번쯤은 친구들 보고 마음껏 웃
다 갔으면 좋았을 걸 그랬어요. 하나님의 뜻을 모르는 것은
아니지만 그냥 넋두리에요. 주님 앞에 저 이 정도는 솔직해
도 되는 거죠?

나는 찬양하리라

2023년 12월 4일 월요일

　12월 첫 주부터 한국에서 지내는 이곳 교회에서 찬양대에 서게 되었다. 나는 원래 성악을 전공했고 소프라노인데 성탄 칸타타를 준비하면서 앨토 인원이 부족하다고 해서 앨토를 돕기로 했다. 처음엔 어색했지만 막상 찬양의 자리에 서게 되니 소프라노든 앨토든 너무 감사하고 좋다.

　남편과의 이별을 잘 받아들이기 위해 요즘 남편의 욥기 묵상과 그동안 써왔던 나의 일기를 다시 찾아서 보고 있는데 내가 2002년 남편의 첫 유학지 오클라호마 털사(Tulsa)에서 찬양에 대한 일기를 썼었고, 거기에 남편이 댓글 달아 놓은 걸 오늘 발견하게 되었다. 까맣게 잊고 있었었던 것을. 남편은 지금 곁에 없지만 남아 있는 일기 속에 있는 남편의 글이 나에게 말을 하고 있는 것 같아서 큰 위로가 된다.

봄이 오려는지 요즘은 날씨가 무척 따뜻하다. 햇빛도 좋고. 그래서 마음이 괜스리 뒤숭숭….

나는 2월 둘째 주부터 교회에서 지휘를 하게 되었다. 하나님께 감사하다 나의 기도를 들어주셔서. 어디에 있든지 하나님 찬양할 수 있는 자리를 허락해 달라고 늘 기도 해왔었다.

결혼하면서 아니, 사역자의 아내로 살게 되면서 제일 아쉬웠던 것이 바로 '찬양할 수 있는 자리' 였다. 내가 청년시절에는 큰 교회를 다녔기 때문에 헌신자들이 많아서 그랬던 건지 사모님들이 찬양대나 찬양팀에 있는 걸 별로 보지 못했다. 그래서 나도 사역자의 아내가 되면 찬양할 수 있는 자리에는 서지 못하나 보다 그런 생각을 했었다.

그런데 한국의 첫 사역지에서도 또 남편의 유학 생활이 시작된 이 교회에서도 지휘를 할 수 있게 돼서 너무나 감사하다. 나는 청년 때부터 지금까지 찬양하기 전에 늘 이런 기도를 했었다.

'하나님 저 비록 이렇게 작은 자리에서 찬양하지만 제가 서 있는 이 자리를 소중히 여길 수 있도록 도와주시고 오늘도 주님을 높이게 해주세요.'

하나님은 내가 어디에 있든지 아주 작고 작은 자리라도 주님을 찬양할 수 있는 자리를 허락해 달라는 나의 기도에 일평생 응답해 주실 거라고 믿는다. 봄이 오면 여기저기에서 봄의 노래를 부르는데 우리 모두의 마음에도 봄의 소리와 봄 내음이 가득하길 바란다.

기쁨의 찬양으로 그분께 영광돌리며!

- 댓글 나용호: 찬양 인도를 할 때마다 느끼는 건데 당신에게 참 감사해. 언젠가 석준이가 아파서 당신이 찬양하지 못했을 때 찬양 인도를 하면서 얼마나 불안했던지….

물론 하나님을 바라보면서 찬양해야겠지만 당신을 바라볼 수밖에 없어. 바로 당신이 찬양하는 모습 속에서 하나님의 은혜를 볼 수 있기 때문이야. 당신의 찬양 때문에 나도 은혜를 많이 받아. 내가 인도하는 찬양팀에 당신이 있다는 사실이 감사해.

가끔은 하나님이 나보다 당신을 더 사랑하시고 당신을 사용하고 계시다는 생각이 들 때가 있어. 처음에는 자존심이 좀 상하기도 했는데 솔직히 마음은 행복해. 그리고 이제는 당신이 주 안에서 자랑스러워. 당신은 나의 제일 친밀한 동역자야. 우리 항상 봄을 이루며 살아가자. 아니, 모든 것에 생명을 불어넣는 봄이 되자! 우리의 사명처럼….

[봄이 오려는지 2002년 2월 21일 일기]

주님, 우리가 이렇게 주님을 찬양하고 우리가 이렇게 서로를 세워주며 사랑했었네요. 참 많이 보고 싶은 사람이지만 잘 참고 이겨내 볼게요. 하나님이 저와 함께 해주셔야 해요.

화이트 크리스마스

2023년 12월 25일 월요일

올해 한국은 화이트 크리스마스였다. 하얗고 예쁜 눈을 아이오와가 아닌 이곳에서도 볼 줄이야!

지난 10월 중순 남편의 장례를 치르고 미국에 장지가 없어 11월 초 한국에 들어올 때 내가 남편 유골함을 들고 입국했었다. 그리고 그사이 미국에 있는 아이들 둘이 다 도착을 해서 지난주 12월 21일에는 가족묘지 믿음의 동산에서 가족들만 모여 남편의 하관예배를 드렸다. 그날 눈 소식도 있었고 가장 추운 날이라고 해서 걱정이 되었는데 예배드리는 시간 만큼은 눈도 바람도 없이 햇살만 있어서 하나님께 감사했다.

2023년을 열흘 앞둔 유난히도 추웠던 날 남편의 육신은 그렇게 고국 땅의 흙이 되어 묻혔고 이젠 유골마저도 내 품에서 떠나보낸 나는 더욱 확실하게 이 땅에서의 이별을 받아들여야 했다.

남편의 하관예배 때문에 잠시 두 달 머물기로 한 이곳 교회에서 나는 찬양대도 서고 있고, 지난주에는 지휘자님의 부재로 갑자기 크리스마스 칸타타 연습 지휘도 하고 주일예배 지휘도 했다. 이번 크리스마스에는 우리 아이들까지 크리스마스 칸타타에 참여해서 원래부터 찬양대에서 섬기고 있던 조카들과 함께 한국 떠난 지 20여 년 만에 가족 다섯 명이 한 찬양대에서 크리스마스 칸타타를 노래하는 뜻 깊은 크리스마스 예배도 드렸다. 1년 중 가장 바쁘고 중요한 시기에 미국에서 섬기던 교회의 자리를 비우게 돼서 여간 죄송한 게 아니다. 남편과 나의 빈자리를 대신해 최선을 다해주시는 성도님들께 감사드린다.

주님, 이제 한 해의 끝이 얼마 남지 않았네요. 아이들도 잘 들어오고 하관예배도 잘 마칠 수 있게 해주셔서 감사합니다. 이제 새로운 한 해에는 제가 어떤 모습으로 주님 앞에 서 있게 될까요?

사랑이란

2024년 1월 7일 주일

　손으로 말하는(듣지 못하는) 화가 남자와 마음으로 듣는 배우 지망생 여자의 사랑을 그린 드라마를 보게 되었다. 그러면서 든 생각은,
　'비록 장애가 있더라도 저런 따뜻함과 저런 멋짐을 소유한 사람이라면 세상이 가지는 편견을 개의치 않고 사랑할 수도 있겠다' 라는 생각을 한다.
　그 사랑의 교감은 둘만이 아는 것일테니….
　그리고는 자연스레 나를 대입해 보았다. 남편의 병으로 인해 우리는 우리의 바람처럼 오랜 세월을 그렇게 함께 늙어가진 못했지만 너무 멋진 하나님의 사람을 만나서 둘이 서로 사랑하고 살았다면 다소 빠른 이별일지라도 어쩌면 만족할 수도 있겠다는 생각. 그런 생각을 했다.
　길진 않았지만 사는 동안 우린 늘 붙어있었고 늘 가까이에서 깊이 사랑했으니까….

　주님, 드라마를 보면서도 제가 위로를 받네요.

다시 미국으로

2024년 1월 10일 수요일

"너는 아니라고 하지만 너도 모르게 신경을 쓰고 있나 봐!"

어제부터 소화가 안 되고 가슴이 답답해서 하루 종일 불편해하던 내게 함께 지내고 있는 언니가 건넨 말이다.

그래, 아무래도 신경성인가 보다.

오늘 오후에 나는 작은아이와 함께 다시 미국으로 돌아간다. 남편 하관예배로 인해 두 달 전 정신없이 한국에 들어왔고 이제 미국에 들어가면 아직 정리하지 못한 남편의 짐들과 사택을 정리하고 이사를 해야 한다.

교회가 마련해 준 사택에서 우리 가족의 주 공간이자 포토존은 바로 식탁 앞이었다. 어제 새벽예배 때는 그동안 그 식탁에서 우리 가족 넷이 함께 먹고, 예배하고, 특별한 날마다 사진을 찍었던 행복했던 기억들과 똑같은 그 식탁에서 항암 치료로 인해 음식을 힘겹게 삼키던 가냘픈 남편의 한 숟가락이 생각나서 한참을 울다 나왔다. 행복했던 침실과 거실이 생각나다가 밤새 피를 토하던 침실, 아픔과 눈물로 기도하며 부르짖던 거실이 내 머릿속에서 교차 되었다.

이제 다시 미국으로 떠난다고 엄마한테 전화를 드렸다. 전화하다가 눈물이 터졌는데 요즘 가끔씩 큰 소리로 말하지 않으면 듣는 걸 놓치시는 엄마가 전화라 더 눈치를 못 채셨는지 내가 우는 걸 모르셨다. 다행이다.

어젯밤에 쓰다 말고 덮고 잔 글을 아침에 다시 쓰면서 조금은 씩씩해졌다. 갑자기 TV에서 나온 미국의 일상을 보니 미국이 그립기도 했다. 보고 싶은 얼굴들이 떠오르니 좋기도 했다.

주님, 저 잘할 수 있겠지요?

아빠의 욥기 묵상

2024년 1월 26일 금요일

다시 미국이다.

두 달 한국 방문 중 40일 동안 두 명의 집사님들과 가졌던 남편의 욥기 묵상을 미국에 돌아와서 두 아들과 다시 나누고 있다. 한국에서부터 약속한 거였다. 아빠가 평생을 뜨겁게 사랑한 하나님을 더욱 깊이 알게 해주고 싶어서였다.

남편을 떠나보내고 매일 새벽마다 나는 하나님과 씨름을 했었다. 수많은 Why를 하나님을 향해 쏘아 올리면서 기도인지, 푸념인지, 발악인지 모를 울음을 나는 근 한 달 이상을 쏟아냈었다. 하나님은 이 불쌍한 여인의 부르짖음을 들으시기나 하시는 건지… 나만 실컷 쏟아놓을 뿐 그분은 그냥 침묵으로 늘 그 자리에 계셨다.

그런데 나는 남편의 욥기 묵상에서 매일 그 물음에 대한 해답을 찾아가고 있었다. 아이들에게도 혹여나 있을 '물음'에 아빠의 욥기 묵상이 해답이 되어주기를 바란다.

주님, 남편이 만난 하나님을 저도 만나고, 남편이 깨달은 그 말씀을 저도 깨닫고, 우리가 만난 하나님이 우리 아이들도 만나주시기를 기도합니다. 우리 아이들의 마음을 주님이 만져주시기를…!

남편의 생일

오늘은 남편의 생일이다. 이제는 기일을 챙기는 것이 맞겠지만 남편이 떠난 지 갓 100일을 넘긴 첫 생일(이런 식으로 처음이라는 말을 붙이게 될 줄이야!)이니 올해는 좀 기념해도 되지 않을까?

지난주부터 남편의 생일을 알아차린 성도님들이 내가 혼자 눈물 바람하고 있을까 봐 그랬는지 여기저기서 나를 혼자 두지 않으시려고 식사 약속을 잡으셨다. 여자 장로님은 어제부터 오늘까지 연거푸 이틀을 우리 동네로 내려오셨고, 내일도 엄마같은 여러 집사님과 남편의 생일을 기념으로 식사 약속이 잡혀있다.

오늘은 사랑하는 은혜교회 후임 목사님과 사모님 그리고 또 다른 장로님이 사택 근처로 오셔서 작은아이까지 함께 식사를 사주시고 기도를 해주셨는데, 목사님의 그 진심 어린 마음과 귀한 기도가 가슴이 벅찰 정도로 내 마음을 충만

하게 만들어 주었다. 하마터면 일어나서 90도 인사를 할 뻔… 성도님들이 목사님께 기도 받는 기분이 이런 거였나 보다. 목사님들의 역할이 참 귀하다.

저녁에는 남편의 절친 목사님이 남편 생일이라고 전화를 주셨다. 통화하다가 살짝 울기도.

주님, 세상에는 참 좋은 사람들이 많네요. 좋으신 하나님 때문에 받는 사랑인 것 같아요. 저도 더 많은 사람을 사랑하며 살아야겠어요.

오! 주여 아침에

2024년 2월 2일 금요일

여호와여 나의 말에 귀를 기울이사 나의 심정을 헤아려 주소서 나의 왕 나의 하나님이여 내가 부르짖는 소리를 들으소서 내가 주께 기도하나이다 여호와여 아침에 주께서 나의 소리를 들으시리니 아침에 내가 주께 기도하고 바라리이다 (시 5:1-3)

아침에 일어나서 책상 앞에 앉았더니 오늘의 말씀이 시편 5편이다. 대학교 1학년 '이게 사귀는 건가?' 싶을 때 남편이 군대 간다고 상자를 하나 내밀었다. 본인이 소중하게 생각하는 물건들을 나한테 맡기고 다녀오겠다면서. 우리 사이에 대한 어떤 결정이나 약속도 서로 없었기에 나는 그때 '왜 나한테?' 그런 생각이 들었지만 '그럼 이제 우리는 사귀는 건가 보다' 하고 남편이 내민 상자를 그냥 받아들었다.

상자 안에는 작은 하모니카와 책받침처럼 코팅한 대문짝만한 본인 사진이 들어있었는데 앞면은 남편 대학 시절 미주투어 찬양팀에서 찍은 애틀랜타 스톤 마운틴을 배경으로 한 사진이었고, 뒷면엔 〈하나님의 음성을 듣고자 기도하면(시편 40편)〉이라는 악보가 있었다. 그리고 '다윗과 요나단(CCM 남성 듀엣)' 카세트 테이프와 다른 몇 가지.

다윗과 요나단 테이프에는 시편 5편을 주제로 한 찬양이 있었는데 남편은 군에 입대하면서 그 찬양이 너무 좋으니 들어보라고 했고 나도 곧 그 찬양이 좋아졌다. 이제 사귀는 거라고 생각이 든 나는 남편을 군대에 보내고 그가 보고 싶을 때마다 이 찬양을 들었었다.

오늘은, 이제 이 땅에서는 만날 수 없는 남편을 그리워하면서 찬양을 듣는다. 쬐끔 울었다.

'오! 주여, 아침에 내가 기도하고 주께 바라리이다.'

주님, 음악은 기억하고 싶은 시절과 기억하고 싶은 사람을 생각나게 해주는 힘이 있는 것 같아요. 저에겐 시편 5편이 그러네요. 저 찬양은 뜨겁게 주님을 사랑했던 청년 시절 수련회의 아침 단골 찬양이기도 해서 그런지 청년부도 생각나는 밤입니다.

꼬마 숙녀들과 함께한 슬립오버

2024년 2월 19일

"하나님, 우리가 사모님에게 위로를 줄 수 있게 해주세요!"

일찍부터 예수님을 알면 이렇게 예쁘게 크는 걸까? 교회의 4학년짜리 여자아이가 사모님 떠나기 전에 같이 슬립오버(sleepover: 친구 집에 가서 하룻밤을 자고 오는 것)를 하고 싶다고 했다면서 엄마에게 물어봐 달라고 했단다.

그렇게 나는 때 늦은 나이에 꼬마 숙녀들과 슬립오버를 하게 되었고, 주일 저녁 식사기도 때 예나는 저런 기도를 우리에게 들려주었다.

주일예배 후 여자아이들 셋과 아이들의 보호자인 여집사님은 1박 2일 수련회처럼 이불과 놀거리, 음식을 잔뜩 싸서 우리 집으로 왔다. 사택을 정리하고 있던 터라 가구도, 먹거리도, 여러 용품도, 거의 다 비우고 없는데 오히려 아이들은 침대 없는 텅 빈 방바닥에서 이불 깔고 잔다고 키득

거리며 좋아한다.

놀이터에도 다녀오고, 김치찌개와 달걀말이에 밥도 먹고, 기독교 영화를 보며 하나님이 베푸신 기적을 얘기했다. 밤 10시에는 교회 기도시간에 맞춰 함께 기도도 했다. 늦은 밤에는 파자마 차림으로 한 침대에 눕거나 앉아서 담소를 나누고.

다음 날 아침에는 아이들의 재잘거리는 소리에 기분 좋게 하루를 시작했다. 조개 스프와 토스트에 여러 과일을 얹어 아침을 나누고, 가까운 몰에 가서 옷과 악세사리를 샀다. 길지 않은 거리지만 드라이브하는 동안 딸이 없는 나는 여자아이들의 예쁜 노랫소리를 들으며 딸 가진 엄마들이 느끼는 행복감을 느낄 수 있었다. 어떤 핑계를 대서라도 조금 더 머물고 싶은 아이들은 시간이 점점 지나는 것을 아쉬워했고 그 아쉬워하는 모습도 너무 아이들다워서 마냥 귀엽고 예쁘기만 했다.

혼자 지내고 있는 나를 위해 함께 슬립오버를 해야 한다는 말로 부모님과 내 허락을 따냈지만 자기들끼리 좋아라 지내고 싶은 그 마음을 내가 모를 리 없는 터다. 나도 그런 소녀 시절을 거쳐왔으니까. 그래도 슬립오버의 목적을 잊지 않고 저렇게 기도를 해준 예나가 참 기특하다. 남편 천국환송예배 때도 너무 예쁜 편지(부록3 예나의 편지)를 내게 주더니….

너희들의 그 마음 잊지 않을게!
덕분에 고맙고 행복했어! 사랑해!

주님, 이 어린 꼬마 숙녀들을 통해서도 제가 위로를 받네요. 아이들에게도 배울 점은 참 많은 것 같습니다. 부끄럽지 않은 어른으로 아이들 앞에 서야겠네요. 사랑스러운 아이들을 보내주셔서 감사합니다.

여행, 첫 휴식

2024년 2월 22일 목요일 - 26일 월요일

　작정하고 올려다 보았다. 이렇게 여유롭게 하늘을 올려다 본 게 얼마만인지. 파란 하늘도 구름이 흘러가는 것도…. 파란 하늘은 그렇게 파랗고 구름은 그렇게 흘러가는 거였구나!

　늘 거기 있던 하늘이고 구름일텐데… 새삼스러웠다.

　남편이 아프면서는 혼자 해야 하는 간병으로 마음은 늘 하늘의 하나님을 바랐으나 내 눈은 정작 땅만 보고 바쁘게 살았었나 보다. 그래서 운전해 주시는 목사님 차 안에서 작정하고 하늘을 올려다봤다. 마침, 찬양이 흘러나왔고 눈에서 눈물도 흘렀다.

　'천부여 의지 없어서 손들고 옵니다.'

　사택 정리를 위해 다시 돌아온 미국에서 상황에 떠밀려 용기 내지 못했던 여행을 떠나게 됐다. 오랜 인연 사랑하는 지인 목사님과 사모님 가족이 기다리는 곳으로. 그곳에서 함께 기도해 주시던 또 다른 목사님과 사모님의 섬김으로 나의 여행경비가 더해졌고 두 가정의 섬김으로 그렇게 처음 혼자 떠나보는 '나의 여행' 이 시작되었다.

　도착한 날은 밤이 늦어 그냥 잠자리에 들었고, 다음 날 여유로운 아침을 보내고 사진으로만 접했던 노아의 방주로 향했다. 성경에 나오는 실제 크기를 재현한 거라고 했는데 가히 그걸 체험할 수 있었고, 그 거대함 속에 들어가 하나님의 하신 일들을 보며 구원을 생각했다. 전망이 좋은 자리를 찾아 함께 나눈 점심도 즐거웠고, 꽃을 보여주지 못하는 계절이라고 목사님은 아쉬워 했지만 하늘과 햇살과 바람이 좋았던 그 날, 나는 오랜만에 웃음을 머금고 사진도 찍었다.

　오후에는 목사님이 직접 지으신 교회 수양관에서 아이들과 함께 하룻밤을 보냈다. 사랑스러운 아이들과 노을이 지는 언덕을 바라보며 산책도 하고, 밥도 해 먹고, 영화도 봤다. 물론 영화는 주로 아이들이 봤지만 집을 떠나 숲속에 덩그러니 놓여있는 장소에서 동물 아니면 우리들만 있는 기분을 만끽하는 건 무엇을 해도 일상을 벗어난 특별한 기분이었다.

　다음 날은 어질러진 수양관을 함께 청소하고 짐을 싸서 나오면서 가까운 곳 가벼운 코스로 등산도 했다. 오르내린 길이 긴 시간은 아니었지만 기암 절벽 비슷한 바위산도 보이고, 목적지 중간 지점에는 동굴까지 갖춘 제법 멋진 코스였다. 맑은 공기를 마시기 위해 잠시 멈춰서서 깊은 심호흡도 했다. 하나님이 지으신 자연을 맘껏 체험하며, 돌아오는 차 안에서 나는 작정하고 하늘을 올려다본 거였다. 그리고 생각했다.

'주님, 이제는 제 처지가 슬퍼서 우는 게 아니라 하나님 사랑에 겨워 울게 해주세요!'

돌아오는 길에는 치킨으로 유명한 원조점에 들러 맛있는 식사도 하고, 창업의 역사도 구경하고, 흰 머리 흰 양복의 할아버지와 기념사진도 찍었다.

저녁에는 사모님과 가까운 찻집에 가서 여자들만의 티타임을 가졌다. 사모님을 만나러 오게 되면 꼭 하고 싶은 일 중의 하나였다. 마침내 우리에게 그 시간이 주어졌고, 흔히 그렇듯 여자들은 이런저런 얘기를 하면서 잘 울게 되는데 우리도 예외는 아니었다. 내가 이제 막 지나온 길도 그랬고, 사모님이 한창 지나고 있는 길도 어려운 길이기에 우리는 서로의 아픔을 들어주고 위로가 되어주었다.

주일, 함께 드리는 예배가 좋다. 하나님을 노래하고, 하나님의 사랑을 증거 하고, 말씀을 들으면서 예배 가운데 하나님을 만났다. 나를 위해 모두가 기도해 주셨다. 그립고 반가운 얼굴들을 보는 것도, 한 번도 본 적 없는 사람들을 만나게 되는 설렘의 기쁨도 여행 안에는 있었다. 음식을 나누며 은혜를 나누고 유쾌한 대화가 이어진다. 즐거웠고 감사했다.

떠나는 날 오전, 배심원으로 출석해야 했던 목사님의 스케줄이 취소되면서 내가 이번 여행에서 꼭 갖고 싶었던 시간을 자연스레 갖을 수 있었다. 두 번의 입원과 퇴원을 반복하며 홈케어에서 호스피스 하우스까지 남편을 떠나보내면서 폭풍같이 몰아쳤던 시간들. 누구에게도 자세하게 얘기하지 못하고 나 혼자만 겪었던 그 슬프고 아팠던 시간들의 기억을 마지막으로 꺼내서 되짚어 보고 싶었다. 정말 궁금했던 물음도 있었고… 그리고 이제 더 이상은 그 기억을 가슴 찢어지게 남겨두고 싶지 않았다. 이제 시작될 나의 회복을 위해 꼭 갖고 싶은 시간이었는데 하나님이 그 시간을 만들어 주셨다.

울었고, 기도 받고, 위로 받았다.

그래, 나는 이제 좀 '쉼' 이 필요한가 보다. 간병으로 부터, 사역으로 부터, 상처로부터….

떠밀려 가게 된 여행이라고 표현했으나 지나고 보니 나를 향한 나의 회복을 위한 첫걸음.

바로, 휴식이었다.

그것은 하나님의 계획이고 사랑이었다!

감사하신 하나님!

주님, 참 좋은 여행이었어요. 얼마간의 일들을 돌아보니 소극적인 제가 여행을 떠날 수밖에 없도록 주님이 상황을 몰아가 주신 것 같아요. 그렇지 않았다면 용기 낼 수 없었을 거예요. 저에게 진정한 첫 휴식이 되었어요. 감사해요.

사랑, 감사… 그리움

2024년 3월 8일 금요일

이 마음을 이 사랑을 어떤 말로 어떤 글로 여기에 다 담을 수 있을까? 나는 말보다 글이 편한 사람이라고 늘 말해왔으면서도 내가 느끼는 감정을 말이나 글로 다 표현할 수 없을 땐 마음을 열어서 보이고 싶다는 생각을 한다.

"알지?" 라고 말할 때,

"응, 다 알지!"

하고 대꾸를 한다면 이건 같은 자리에서 같은 시간을 걸어온 사람들에게만 느낄 수 있는 감정이라고 생각하기 때문이다. 만난 시간이 오래든 그렇지 않든….

나는 지난주 3월 3일 사랑하는 아이오와 은혜교회에서 마지막 인사를 했다. 남편이 7년 사역하고 하나님 품으로 부르심을 받을 때까지 함께 기도해 주시고 한결같은 섬김과 사랑을 보여주신 사랑하는 성도님들의 곁을 떠나는 시간이었다. 사역하는 동안 아주 가끔 우리는 어떤 모습으로

이 교회를 떠나게 될까 생각해 본 적은 있지만 이렇게 혼자 이런 모습으로 떠나게 될 줄은 전혀 상상도 못한 일이었다. 내 평생 이런 사랑을 받아본 것도 처음이었고.

몇 달 전부터 그날을 생각하며 찬양대의 마지막 찬양을 선곡했다. 〈모두 기뻐해 모두 감사해〉 그 찬양의 가사처럼 우리는 교회를 세워가야 한다는 같은 소망을 나누면서 함께 이 길을 걸어왔고, 이제는 서로 가야 할 길이 다름을 받아들인다. 그러나 어디에나 계시는 성령님은 흩어진 우리를 하나 되게 하실 것이니 우리 모두는 기뻐하고 감사할 수밖에… 가사가 꼭 내 마음이었다.

토요일 밤, 뒤척이며 새벽 2시까지 잠을 이루지 못했다. 예배 전에도 교회에 부임하신 목사님의 칼럼 때문에 울고 시작했는데 예배 때도 청년들 성도님들이 훌쩍이며 화장지를 찾는 모습이 보였고, 예배 후에 이어진 생각지도 못한 교회의 송별 선물은 남편과 헤어질 때 만큼이나 목놓아 울기에 충분했다.

예배 후에 갑자기 불이 꺼졌다. 내게 예배당 앞쪽으로 나와 앉으라고 하더니 영상이 틀어진다. 그동안 내가 있던 사역의 자리를 보여주는 영상이었다. 그걸 만든 자매 말이,

"사모님이 늘 사진을 찍고 다녀서인지 사모님 사진을 많이 찾을 수가 없었어요"라고 말을 해줬다.

나의 수고를 알아주는 것 같아 자매의 말이 고마웠다.

그리고 곧바로 이어진 성도님들의 영상 속 인사말. 유학 생활이 끝나고 취직으로 멀리 떠나간 청년들과 조지아에 있는 큰아이도 영상으로 인사말을 보내왔다.

우리 아들들과 돌림자로 끝나는 이름이라며 큰아들처럼 예뻐했던 청년이 나의 마지막 예배라고 앨라베마에서 비행기를 타고 금요일 밤에 도착해 토요일 그리고 주일까지도 함께 했다. 정말 고마웠다. 남편 천국환송예배 때도 비행기를 타고 왔었는데.

감동, 감사, 사랑, 눈물, 그리움….

어떤 단어들을 열거해야 할까?

자식같은, 동생같은, 친구같은, 언니 오빠같은, 엄마 같으신 분들. 진정 예수 그리스도의 피로 맺어진 가족이다. 남편이 아플 때 나도 우리 가족도 그래서 같이 아플 때 사랑하는 성도님들이 가장 가까이에서 나에게 가족이 되어주셨다. 새로 부임하신 목사님과 사모님도 같은 지역에 사시면서 진심 어린 눈물로 우리에게 가족이 되어주셨고 교회에서 감사패도 만들어 주셨다. 가족사진까지 넣어서. 감사패를 전달해 주신 장로님은 눈물 때문에 말을 잇지 못하셨고 우리는 부끄러움도 잊은 채 한참을 끌어안고 울었다.

그리고 이어진 나를 위한 기도시간. 나를 가운데 앉히고 성도님들이 빙 둘러서서 내 손을 잡거나 어깨에 손을 대고 기도를 해주셨다.

이젠 정말….

에라, 모르겠다. 그냥 나도 목놓아 울었다.

뭐라고 말할까? 그냥… 충분했다.

지난주 나의 홀로서기 첫 여행을 다녀오며 다짐했던 말.

'주여, 이젠 제 처지가 슬퍼서 우는 게 아니라 하나님의 사랑에 겨워 울게 해주세요.'

정말 그랬다. 슬픔보다는 사랑이, 그 진심이 느껴져서 내 마음이 충만했다. 성령님께서 주시는 충만함! 바로, 그런 충만함이었다.

나도 지난밤 잠 못 이루며 몇 글자 적어간 인사말을 성도 님들께 드렸고, 송별회 후에 이어진 예상치 못한 포토타임 까지 정말 잊을 수 없는 송별회가 되었다.

좋은 목사님과 사모님이 오셔서 교회를 잘 이끌어 가시는 것까지 보고 가게 돼서 정말 감사하다. 나와 우리 가족에게 마지막 사역지가 된 아이오와 은혜교회는 내 평생 잊을 수 없을 것이며 평생 기도할 사랑하는 교회가 되었다.

하나님, 성도님들, 그리고 목사님과 사모님께 감사드립니다.

함께라서 감사했고, 함께라서 해낼 수 있었고, 함께라서 행복했습니다.

주님, 이럴 수가 있을까요? 이렇게까지 사랑하고 사랑을 표현할 수 있을까요? 이런 것이 주님 안에서만 느낄 수 있는 사랑인거죠? 이게 바로 '신앙하는 맛' 인거죠? 살면서 이런 사랑 이런 감정 맛볼 수 있게 해주셔서 감사합니다. 성도간의 사랑 때문에 가슴 벅찬 밤이에요.

시카고에서 다시 한국으로

2024년 3월 7일 목요일 – 3월 13일 수요일

시카고 공항에서 큰아이를 만나는 순간 깜짝 놀랐다. 남편 생전에 내가 사주었던 남편의 외투를 입고 함박웃음을 지으며 나를 기다리고 있었기 때문이다. 두 아이가 약속이나 한 듯 둘 다 아빠의 외투를 입고 나선 것이었다.

많은 사람이 남편을 보내고 혼자가 된 나의 거취를 궁금해하셨다. 같이 살자고 하신 분들, 이주를 해오면 가깝게 지내면서 보살핌을 주겠다는 분들, 한국으로 들어오라는 분들, 일자리를 소개시켜 주겠다고 하신 분들 등.

그분들의 관심은 모두 사랑이다. 감사하다.

작년 말 남편의 하관예배를 위해 한국을 방문하면서 새벽예배를 통해 받았던 응답대로 나는 언니가 내민 제안을 받아들이기로 했다. '2년 홀로 간병하느라 힘들었으니 앞으로 2년은 언니 옆에서 쉼의 시간을 가지라는 것.' 그래서 나는 작은 아이 대학 졸업까지 2년 2개월 정도 한국에서 지내다 오려고 한다.

아이오와 은혜교회에 새로 부임하신 목사님과 사모님, 성도님들은 내가 떠나는 순간까지 나를 홀로 두지 않으시려고 릴레이 하듯 계속 나와 같이 있어 주셨다. 이번이 마지막인가 하면 그다음 날 또, 그다음 순간에 또… 이렇게 여러번 우리는 그리움이 담긴 이별의 허그를 해야 했다.

그리고 목요일 저녁, 작은아이는 봄방학을 맞았고 직장생활을 하는 큰아이도 마침 직항이 있다고 해서 주말을 이용해 내가 한국에 들어가기 전 오롯이 셋만의 시간을 갖기 위해 우리는 시카고에서 만났다.

금요일 저녁에는 평소 내 바람이었던 브로드웨이 뮤지컬을 시카고에서 볼 수 있다고 해서 관람을 했고, 이번 여행의 목적은 그냥 '쉬면서 함께 지내는 것'으로 잡았다. 힘든 이사를 한 직후라 피곤하기도 했고 우리 가정은 4년 반 정도 시카고에서 사역을 했기 때문에 시카고가 처음은 아니어서 딱히 원하는 것은 없었다. 그냥 같이 있는 게 좋을 뿐.

그래도 다운타운 한복판 숙소에서 자보는 건 처음 인지라 야경을 보는 순간 탄성이 절로 나왔다.

"우와! 39층 City View!"

도시전경이 그대로 내려다 보였다.

우리는 맛있다는 식당을 찾아서 음식을 먹고, 유명하다는 카페에 가서 커피를 마시고, 여기저기 구경을 하다가 피곤하면 숙소에 들어가서 쉬었다. 토요일에는 날씨가 좋아서 브런치를 하고, 이제는 나보다 키가 훌쩍 커버린 두 아들을 양옆에 끼고서 시카고 다운타운 거리를 활보했다. 우리 엄마는 지금의 내 나이에 나를 데리고 유럽 여행을 했었다. 그러니 나도 아이들에게 약한 모습을 보이면 안되지!

다정한 큰아이는 걸을 때도 내 옆에, 테이블에 앉을 때도 가능한 내 옆에… 하나라도 더 설명을 해주려 하고 하나라도 더 맛보게 해주려 했다. 내가 관심을 보이는 곳마다 찾아서 안내를 해주고, 피곤하고 지칠 만도 한데 계속 관심을 기울여 주었다. 셋이 좋았지만 시카고 곳곳에 배어 있는 넷이 함께했던 기억들로 살짝살짝 눈물이 핑 도는 건 어쩔 수 없는 일이었다.

주일에는 시카고에서 부교역자로 있었던 교회를 찾아 예배를 드렸다. 목사님의 말씀도 우리에게 꼭 필요한 말씀이었고 예배는 은혜로웠다. 주일 저녁부터 화요일까지 반갑고 그리웠던 사람들을 여러 차례 만나 밤이 늦도록 이야기꽃을 피우고 추억을 나누었다. 못 보고 산 세월 동안 아이들은 훌쩍 커 있었고, 우리의 모습도 조금은 변해 있었지만 그중 가장 큰 변화는 그분들의 기억 속에도 확연한 나의 남편이 이젠 내 곁에 그리고 그 자리에 없다는 것이었다.

다운타운에서 아이들과의 꿈같은 3박 4일이 지나고,

큰아이만 직장 때문에 주일예배 후에 조지아로 먼저 떠났다. 봄방학으로 아직 여유가 있는 작은 아이와 나는 나머지 3박 4일 동안 남편에게는 누나 같고 나에게는 언니 같은 권사님 댁에 머물면서, 그야말로 친정집에 온 것처럼 권사님이 차려주시는 밥을 받아먹고 자고 싶을 때는 낮잠도 자면서 충분한 쉼의 시간을 갖고 한국으로 출발할 수 있었다.

한국으로 떠나는 날 아침, 권사님은 우시고 나는 잘 참았는데 공항에 들어와 작은 아이와 헤어질 때, 그때는 나만 울었다. 아이와 헤어지면서 울기는 했지만 내 마음엔 은혜교회에서 마지막 인사를 할 때 느꼈던 충만함, 그 충만함이 밀려왔다. 하나님이 주시는 위로와 힘인가 보다.

'이제 내 앞에 어떠한 길이 펼쳐질까?'

분명한 건 지키시는 하나님이 나와 우리 아이들을 지키실 줄 믿는다는 것이다. 내가 하나님을 믿는 사람이어서 정말 다행이다.

주님, 이제 다시 한국으로 갑니다. 미국에서 이민교회 사역을 할 때는 그렇게 가고 싶었는데도 형편이 안돼서 못 갔던 한국을 두 달 사이에 두 번이나 가게 됐네요. 이번엔 조금은 길게 갑니다. '제주도 한 달 살아보기' 이런 것이 한때 유행이었다는데 저도 그런 마음으로 한번 살아보려 합니다. '한국에서 2년 살아보기' 그런 거요.

저, 잘할 수 있겠지요? 주님이 함께 해주세요.

어머니의 서원

2024년 3월 25일 월요일

  남편은 이 땅에서의 소명을 다하고 천국에 갔고, 나는 회복을 위해 엄마와 형제들 곁으로 왔다. 이제 남겨진 나와 아이들은 각자의 처소에서 앞만 보며 열심히 살면 된다고 사람들은 말한다. 하지만 아직 모든 것이 다 괜찮아진 것은 아니다.

  문득문득 떠오르는 남편에 대한 그리움과 남편 지인 사역자들이 이 땅에서 쓰임 받는 것을 보게 될 때면 왜 우리 남편만 그 자리에 없는지 가끔은 억울한 생각(?)이 올라오기도 한다. 그렇다. 그건 하나님이 주시는 마음이 아니다. 그런 줄은 나도 알지만 약해진 마음과 몸이 하나님의 말씀과 기도로 무장되어 있지 않을 땐 내 안에서 평강이 흔들리는 것을 보게 된다.

  연애시절 남편과 함께 시어머님을 뵈러 갔을 때 어머니께서 우리 둘을 앉혀놓고 이런 말씀을 하셨었다.

"순교도 내가 원한다고 할 수 있는 것은 아니다. 그것도 하나님께서 허락한 자만이 할 수 있는 거야."

당시 우리는 큰 교회를 다녔었는데 대부분의 성도님들은 남편이 주의 종으로서의 길을 갈 사람인 것을 알고 있는 상황이었고, 친정에서는 내가 사역자의 아내가 될 사람이 아니라면서 우리 두 사람의 교제를 반대했었다. 그처럼 예비시댁이 되기에는 불리한 상황이었는데도 어머니는 인사드리러 간 우리에게 그런 말씀을 하셨었다.

어머니는 어머니 가족의 믿음의 씨앗이다. 그 시절 대부분이 그랬듯 부모님들은 사는데 바쁘셨고, 더구나 어머니의 아버님이 일찍 돌아가셔서 8남매를 혼자 키워야 했던 고단하고 바쁜 엄마 대신 어머니는 어린 시절 동네에 들어온 젊은 전도사님을 친구와 따라다니며 찬송을 배우고 말씀을 듣고 그러셨단다. 그땐 그게 찬송인지도 몰랐고 그냥 그 전도사님이 들려주시는 말씀이 좋았고 찬송이 너무 재미있었다고 하셨다.

그리고 어머니는 중학교 2학년 때 '하나님께서 아들을 주시면 하나님께 드리겠노라' 하고 서원기도를 하셨다고 했다. 어느덧 성인이 되고 결혼 적령기에 놓였을 때 어머니는 그 기도를 지키시느라 맞선자리에 나갈 때마다,

"아들을 낳으면 하나님께 바칠 수 있어요?"

하고 물으셨는데 맞선자리에 나온 유수한 젊은 청년들은 모두,

"그건 어렵겠다."

라고 말했고 유일하게 아버님만,

"열 아들이라도 바칠 수 있소." 그러셨단다.

그래서 아버님과 결혼을 했고 마침내 큰아들을 품에 안으셨다고 했다.

그리고 남편의 신앙고백은 4살 때.

어머니 따라 새벽기도에 나갔다가 목사님의 기도를 받고 집에 돌아온 남편이 어머니에게,

"저는 경찰이나 대통령이 되고 싶었는데 이제는 다른 사람을 축복해 주는 목사님이 되고 싶어요"

라고 고백했다고 한다.

7살 되던 해에는 입주예배를 인도하러 오셨던 목사님께서

"용호는 커서 뭐가 되고 싶어?"

하고 물으셨던 일이 있었고,

"저는 훌륭한 목사님이 되고 싶어요."

남편은 이렇게 대답을 했단다.

그 대답에 흡족한 감동을 입은 목사님은 입주예배를 드리러 오신 성도님들과 마치 부흥회처럼 뜨거운 예배를 드리셨다고 했다. 이러한 연유로 그 큰 교회에서는 남편이 어렸을 때부터 '쟤는 목사될 사람'이라는 것을 다 알고 있었던

것이다.

　옳거니! 이제 잘 걸렸다.

　남편에 대한 그리움과 억울함 같은 것이 스멀스멀 올라올 때면, 남편이 왜 지금 내 곁에 없는지 원망할 대상이 필요했던 나는 '누군가 걸리기만 해라' 라는 식의 못된 마음이 들었었다. 그러면서 어머니가 들려주셨던 서원기도와 순교 얘기가 생각났고 아들을 먼저 보낸 그 딱한 어머니에게 나는 원망의 마음을 품었었다.

　'어머니는 아직 결혼도 하지 않으신 소녀의 때에 아들을 낳을지 못 낳을지도 모르는데 아들을 걸고 무슨 그런 서원기도를 하셨나? 어머니 자신을 드리시든지 물질을 드리시든지…'

　그런 원망의 마음이 들었던 것이다.

　그러던 어느 날, 몇 번이나 망설이다 입 밖으로 꺼내지 말았어야 할 그 말을 어머니 앞에 꺼내놓았다. 아들을 보낸 아픈 어머니에게 못 할 짓이니 '가슴에 묻어두고 가자' 하는 마음도 있었는데 결국은 참지 못하고,

　"어머니는 왜 그러셨어요. 어머니가 그런 서원 기도만 하지 않으셨어도 남편이 제 곁에, 아이들 곁에, 우리 사랑하는 성도님들 곁에서 더 오래 사역했을 수도 있잖아요."

　혹여 내 말과 내 태도에 역정을 내실지도 모른다는 생각

이 들기도 했지만 나는 이미 터뜨려 버렸고 어머니의 대답을 기다리고 있었다. 그런데 어머니는 오히려 차분한 어조로 내게 말씀하셨다.

"나도 모른다. 내가 왜 그때 그랬는지… 나는 그때 예수님이 너무 좋았고 내 입에서 그런 기도가 흘러나왔어."

어머니는 유별난 자식 바라기이신 분이다. 당신이 가진 것 중에 가장 귀한 것을 드려야 한다면 어머니는 그게 바로 어머니의 큰아들이었나 보다. 어린 시절 혼자서 동네에 들어온 젊은 전도사님을 따라다니며 만나게 된 예수님. 그 예수님이 너무 좋아 자신이 가진 것 중에 가장 좋은 것을 드리고 싶어 했던 어머니의 신앙이 그제야 이해가 되면서 나는 그간 가졌던 어머니에 대한 원망의 마음이 녹아내리는 것을 느꼈다. 그리고 장례예배 때 조사를 하신 교회 장로님의 조사 내용이 떠올랐다.

'목사님은 사역자로서 첫걸음을 시작한 때부터 지난 2년여 투병의 시간까지 이 땅에서의 사명을 다하셨습니다. 항암 치료가 중단된 상태에서도 매주 강단을 지키며 설교를 하셨고 하나님께서는 목사님을 붙들어 주심으로 그가 사명을 다하여 말씀의 단에서 순교하도록 하신 것입니다.'

그래, 내가 내 아픔이 크다고 주님께 그리고 어머니께 무엇을 따질 수 있으랴! 어머니는 예수님이 너무 좋아 서원하셨고, 남편은 주의 종으로서 하나님의 뜻대로 순종했으니

'이런 믿음의 유산을 우리 아이들에게 물려줄 수 있는 것!'
나는 그것을 붙들고 가야겠다.

주님, 제 아픔이 태산처럼 다가와 아들을 하나님 품에 먼저 보낸 어머니의 마음과 아픔을 헤아리지 못하고 원망의 마음을 품었던 저를 회개합니다. 어머니의 마음을 지켜주시고 위로해 주세요. 그리고 저도 제 마음을 지킬 수 있도록, 제 안의 평강이 무너지지 않도록 주님이 저의 마음을 다스려주세요. 저를 위해 기도하는 사람들이 많이 있음을 기억하게 해주세요. 제가 단단해지게 해주세요.

주 이름을 찬양함은
놀라운 일을 행함이라

2024년 4월 4일 목요일

'주 이름을 찬양함은 놀라운 일을 행함이라.'

베토벤 교향곡 2번 2악장을 성가곡으로 편곡한 첫 가사다. 저 성가곡을 처음 들었던 때는 교회를 다니지 않았던 중학교 때였다. 노래를 좋아했던 나는 초등학교 4학년 때부터 줄곧 합창단 생활을 해왔었는데 중학교 때는 음악 선생님이면서 합창단 지휘자였던 여선생님에게 푹 빠져있었다. 음악에 몰입해 지휘하고 있는 선생님을 뚫어지게 쳐다보면서 노래를 하노라면 음악에 빨려 들어가는 건지 선생님의 표정과 지휘에 빨려 들어가는 건지 나는 그 느낌이 너무 좋았다.

선생님은 독신이셨고, 합창단 단장이었던 나와 몇몇 임원들은 방과 후 선생님의 포니2 차를 타고 중학생끼리는 갈 수 없는 곳을 선생님과 함께 다니기도 했고, 선생님 댁을 자주 드나들면서 학교 합창단에서 다루는 노래 외에도 선생님이 좋아하시는 여러 장르의 음악을 소개받고 함께 듣기도 했다.

어느 주일, 선생님은 당신이 다니고 있는 교회에 우리들을 부르셨다. 그때 선생님이 찬양대에서 베토벤의 저 성가곡을 지휘하셨는데 그날 나는 저 찬양에 소위 말해 꽂혔다. 그때는 교회를 다니지 않았던 때라 가사는 잘 들을 수 없었고 '은혜받았다' 라는 표현을 쓸 줄도 모르는 때였다. 선율보다 노래 가사가 마음을 후비고 들어오기 시작한 건 신앙을 갖게 된 고등부 시절부터였다.

성악을 공부하기로 결심하면서 나는 교회에 나가기 시작했고 고등학교 2학년 때 예수님을 만났다. 그리고 나는 내가 사랑하는 그 주님을 평생 찬양해야겠다고 서원했다.

'주님의 이름을 찬양하는 것이 놀라운 일을 행하는 것이라니! 내가 하나님을 찬양하고 노래하는 일, 그게 그렇게 크고 훌륭한 일이었다니!'

더는 소극적인 자리에 머물 이유가 없었다. 밖으로 나갔고 찬양의 자리에 섰다. 이 놀라운 일을 더 크게 증거해야겠기에.

한국에 2년 살기로 하면서 이제 다시 매주 찬양의 자리가 주어질 것 같다. 주일 아침 9시. 이른 시간이고 지금은 아주 작은 자리여서 가르치기도 하고 노래도 해야 한다.

오랜 시간 동안 가르치는 자리에만 있다 보니 노래에 대한 자신감이 많이 결여되어 있어 예스를 말하기까지 고민이 많이 되었지만 베토벤의 저 찬양을 다시 생각나게 하신 하나님이 순종하라고 말씀하시는 것 같아서 나는 고심 끝에 예스를 말했다.

3주가 되도록 저 찬양을 듣고 있고, 이번에는 원곡인 베토벤의 교향곡 2번 2악장도 계속 듣고 있는데 그렇게 좋을 수가 없다. 지난주 금요일에는 엄마를 보러 대전에 내려갔다가 올라오는 기차에서 저 찬양을 듣다가 울고 말았다. 노래 말미의 '주 하나님 도우소서 그 은혜로 살리이다' 이 대목에서 눈물샘이 터진 것이었다. 옆자리에 앉아있던 공군 청년이 저 아줌마가 왜 저러나 싶었을 거다.

'하나님 도와주세요!'

남편이 아플 때부터 혼자 남은 지금까지 자주 하는 나의 기도다.

그래, 하나님이 도우실 것이다. 지금은 자신 없는 찬양의 자리를 순종한 나를. 앞으로 펼쳐질 나의 인생을. 우리 아이들의 길을….

자비하신 하나님이 눈물을 씻어 주실 것이다.

나는 그냥 하나님만 찬양하기로 하자!

놀라운 그 일을 행하기만 하자!

하나님은 나를 도우실 것이며 나는 그 은혜로 살게 될 것이다.

주님, 찬양에 대한 첫마음, 첫사랑 다시 찾을 수 있게 해주세요. 제 목소리로 주님을 찬양하지 않고는 견딜 수 없던 그때 그 마음으로 돌아가게 해주세요. 저의 찬양을 받아주세요.

자매

2024년 4월 17일 수요일

　엄마와 이모, 나 이렇게 셋이 외출을 했다. 외출이라고 해 봐야 걸어서 족히 갈 수 있는 재래시장 안에 있는 음식점에 서 점심을 먹고 근처 카페에서 커피를 마시며 이런저런 대화를 나누는 소소한 일상이다.

　이모는 나보다 조금 더 이른 마흔 후반에 혼자가 되셨다. 처제를 많이 예뻐하셨던 우리 아버지는 이모가 홀로 되셨을 때 이모를 엄마의 근거리에 두시고 오랜 세월을 보살펴 주셨다.

　언젠가 미국에 있던 내가 한국을 방문했는데 아버지가 이 모랑 국밥을 드시고 오셨다고 했다. 나는 그 상황이 너무 재미있어서 몇 번을 되물었다.

　"정말 두 분만요?"

　속 정은 깊어도 성격이 불같은 데다가 연세가 들어가시면 서 엄마 없인 잘 안 다니시는 아버지가 이모랑만 국밥을 드시고 각자의 집으로 헤어지셨다니 나한테는 신기한 그림이 아닐 수 없었다. 내가 함께하지 못했던 시간 동안 세 분은 그렇게 가족이 되어 세월을 지나고 계셨던 거였다. 지금은 엄마도 혼자가 되셨다. 넘어질까 서로를 의지하며 손깍지를 끼고 걸으시는 자매의 모습이 너무 예뻐서 몰래 사진에 담았다.

그리고 이제는 홀로된 나를 형부와 언니가 보살피고 있다. 남편의 투병이 시작되고 우리를 돕기 위해 미국에 방문했을 때 형부가 내게 해준 말.

"처제, 처제가 정말 갈 데가 없다고 느끼는 상황이 오게 되면 그 마지막은 우리 집이야. 혼자가 아니야, 기억해!"

정말 고마웠다.

언니네 집 방 하나를 차지하고 지내고 있던 어느 날 내가 형부에게 농담처럼,

"제가 기생 생활을 하고 있는 것 같아요." 했더니,

"피난처지!"

그렇게 말씀해 주셔서 또 고마웠다.

우리 아버지와 엄마가 이모를 보살폈던 것처럼 형부와 언니가 똑같이 나를 보살피고 있다. 어쩌면 그 모양이 이렇게 닮았을까?

나는 매일 기도한다. 이젠 집도 없는 나그네와 같은 나를 보살피는 이 가정을 주님이 축복해 주시길!

주님, 우리 자매도 엄마랑 이모처럼 손깍지 끼고 저렇게 예쁘게 세월을 살아가면 좋겠어요. 깍지 낀 두 손이 아름답고 햇살이 좋았던 오후의 그림이 지금도 눈에 선하네요.

오늘, 4월 25일

2024년 4월 25일 목요일

#1. 거소증

언니는 25일이 좋다고 했다.

왜냐고 물었더니,

"잠언 25장 25절도 너무 좋잖아! 먼 땅에서 오는 좋은 기별은 목마른 사람에게 생수와 같으니라."

그러면서 크리스마스도 25일이고 형부와 언니의 둘째 아들 월급날도 25일이라고 했다. 그도 그럴 것이 언니 아이들과 우리 아이들은 월급의 십일조를 교회에도 그리고 부모에게도 하고 있다. 조카들은 형제들끼리도 십일조를 하고 있다.

맞다. 그러니 언니에게 25일은 좋은 날인가 보다.

한국에 다시 들어오고 체류 비자를 받기 위해 비자를 신청했는데 정확히 2주일 만에 내 손 안에 거소증이 들어왔다. 미국에 들어갈 땐 비자도 영주권도 잘 안돼서 사람 애간장을 그렇게 태우더니….

#2. 에어컨

오늘은 거실에 에어컨이 설치된 날이다. 한국에서 더운 여름을 어찌 지내나 내심 걱정이 되긴 했었는데 형부의 동생분이, 여동생 데리고 함께 여름을 지내려면 더울텐데 거실에 에어컨 없는 게 마음에 걸렸다면서 언니에게 얼마 전 에어컨을 사라고 돈을 부쳐줬었다. 언니는 나 때문에 받은 선물이라고 좋아했다. 내가 같이 있으니까 좋은 일이 많이 생긴다면서. 정말 심성이 착한 언니다.

#3. 언니의 눈물

언니가 울었다. 에어컨 설치로 난리가 난 거실을 같이 정리하면서 내 핸드폰에 들어있는 노래를 틀어놓았는데 남편과 대학시절 연애할 때 노래방에서 불렀던 노래가 나왔다. 그 시절엔 노래방에서 테이프에 녹음을 해주곤 했는데 그걸 내가 간직하고 있다가 얼마 전 핸드폰에 옮겨 놓았었다.

"어? 네 목소리네?"

그러더니 갑자기 언니가 눈물을 훔친다.

"맞아! 그런데 왜 울어? 책 정리하느라 먼지가 많아서 그래?" 그랬더니,

"제부 목소리가 들려서 그랬지. 같이 있었으면 지금 얼마나 재미있고 좋아…."

내 목소리 사이사이에 얹어진 남편의 목소리를 들었나 보다. 내가 문득문득 울음을 터뜨릴 땐 위로해 주느라 잘 참더니 언니도 그리웠구나! 언니는 엊그제 내가 쓴 글 '자매'를 보고도 울었었다.

#4. 파티

거소증 나온 기념으로 저녁에는 자기 방을 내게 기꺼이 내어주고 거실에서 생활하고 있는 큰 조카와 작은 조카, 언니 부부와 함께 다섯 식구가 족발 파티를 했다. 내가 샀다. 나는 족발을 별로 좋아하진 않지만 모두가 좋아하니까. 족발을 좋아하는 미국에 있는 우리 작은아이가 생각났다. 남편도 생각났다. 투병할 때 남편이 족발을 잘 먹었었다. 아이오와는 마땅히 사 먹을 곳이 없어 교회 집사님이 여러 번 직접 만들어 주셨었다. 음악과 음식은 자꾸 누군가를 생각나게 하면서 그리움으로 연결이 된다. 그러고 보니 몸살 기운이 있어 오늘은 한 번도 집 밖엘 안 나갔네. 거소증이 나왔으니 내일부터는 주민센터부터 시작해서 해야 할 일이 많을 것 같다.

주님, 25일 오늘은 언니 말대로 좋은 일이 많았네요. 거

기에 그리움도 한 스푼. 이렇게 하루하루 지나다 보면 그리
움도 조금씩 옅어지면 좋겠어요. 정말 쉽지는 않네요.

대중목욕탕

2024년 4월 30일 화요일

한국에 나와서 내가 가장 눈에 띄게 다른 일을 하는 것이 있다면 대중목욕탕에 가는 일이다. 엄마는 내가 엄마를 보러 내려오면 기다렸다는 듯이 목욕탕 표를 내밀면서 함께 가기를 원하신다. 찜질보다는 탕 속에 담그는 걸 좋아하는 나도 딱히 가기 싫지는 않다. 한국에서 지내는 동안 이것도 효도라면 이렇게라도 계속해 드릴 생각이다.

처음 엄마가 목욕가자고 했을 때는 아직도 그런 곳이 운영 중인지가 의문이었으나 의외로 이용하시는 분들이 많아서 깜짝 놀랐다. 엄마네 집 동네에 있는 대중목욕탕은 뭐랄까 80년대 중반 같은 느낌이 아직도 남아 있는 곳이다. 지금은 거기서 내가 제일 젊다.

목욕탕 안에 처음 발을 들이던 날,

"나 미라 엄만데 나 기억해?"

부끄러움 속에 쭈뼛대던 내게 불쑥 들이닥친 얼굴인데 난

또 왜 그 얼굴이 금방 생각이 나는지,

"네, 기억이 나네요."

엄마 말에 의하면 미라 엄마는 한 달치 표를 끊고 매일 오신다고 했다. 아저씨가 삼식이 세끼(퇴직한 남편이 집에서 아내가 차려준 삼시세끼를 다 챙겨먹는 남편이라는 뜻)라서 고달프단다. 그러면서 저 이는 어떻고, 저 양반은 어떻고… 엄마는 엄마가 아는 대로 나한테 동네 사람들에 대해서 말씀 해주셨다.

그리고 목욕탕 이용수칙도 알려주셨는데 탕 안에 들어가기 전에는 우선 먼저 샤워를 한 후 머리까지 감고 머리카락이 탕 안에 빠지지 않도록 머리를 수건으로 감싸거나 샤워캡을 쓰고 들어가야 한다고 했다. 여럿이 사용하는 탕의 물을 깨끗이 관리하기 위해 서로가 지키는 이용수칙이란다. 만약 그걸 안 지키는 나 같은 초짜가 나타나면 주인도 필요 없이 목욕탕 당원들이 바로 지적을 하신다고 했다.

"이봐요, 다 씻고 들어가야지. 물 더러워져요." 이렇게.

한번은 80대 후반 되신 어르신이 90대 초반 어르신께

"언니, 일루와요. 여기 자리 있네" 그러셨다.

얘기를 들으니, 그 언니와는 다른 동네에 사시는데 함께 목욕 가기 위해 어느 지점에서 만나신단다. 거기는 횡단보도가 있어서 위험하기 때문에 80대 후반 동생이 90대 초반 언니가 길 건너는 걸 손잡고 도와드려서 오는 거라고 하

셨다. 내 눈엔 다 똑같은 어르신인데 목욕탕 안에선 '언니, 형님' 같은 호칭과 이름이 불리는 걸 들을 수 있다.

"영애야, 잘 가."

영애님은 60대 후반 같아 보이신다.

어느 날은 드디어 나보다 젊어 보이는 여인이 들어왔다. 호호 할머니이신 어머님을 모시고. 아마도 친정엄마인가 보다. 딸에게 얌전히 몸을 맡기고 앉아 계시는 어머님을 정성스럽게 씻겨드리는 모습을 보면서 눈시울이 뜨거워졌었다.

나도 나름 효도라고 목욕 바구니 들고 엄마를 부축해서 대중목욕탕에 오지만 오히려 엄마는 초등학생이었던 나를 데리고 대중목욕탕을 다녔던 때로 돌아가시는 듯 등을 밀면서 여기저기를 더 밀어주시려고 팔을 들어보라고 하시지를 않나, 목욕하는 동안 몸 식는다고 자주자주 따뜻한 물을 부어주시기도 하고, 집에 돌아오면 목욕 바구니 정리도 엄마가 다 하신다. 나보다 30이나 많으신 80 어르신이 말이다.

라디오를 듣다 보면 서민들 사는 모습을 엿볼 수 있어 좋다고들 하는데 대중목욕탕을 가니 어르신들의 사는 모습을 보고 들을 수 있어 사람 사는 맛이 느껴진다. 귀들이 어두워서 그러신지 아니면 탕 안이 시끄럽고 울려서 그런지 한 뼘 더 큰소리로 말씀하시는 통에 끼리끼리 얘기하시는

데도 다 들린다.

이제 나도 열 손가락 안에 들게 왔으려나? 오늘쯤은 대중목욕탕 안의 모습을 그려보려고 했다. 혼자만 알고 있기엔 너무 진솔하고 재미있어서. 아직 못 가본 사람들이 있다면 한 번쯤은 추억 여행 삼아 동네에 있는 대중목욕탕에 가보는 것도 좋을 것 같다.

주님, 잊고 있었던 어린 시절의 추억이 새록새록 돋아났네요. 엄마는 제가 한국에 와서 엄마 집을 드나드니까 저를 키웠던 엄마의 젊은 시절이 자꾸 생각나시나 봐요. 가끔은 그때로 돌아간 것 같이 느껴져서 좋으시기도 한 것 같아요.

혼인서약

2024년 5월 4일 토요일

    조카의 결혼식.

어느새 성인이 되어 결혼한다는 사실도 감격이었지만 그동안 한국을 잘 오지 못했던 내게 20여 년 만에 참석하는 이런 가족 행사는 처음인지라 약간의 설렘도 있었다.

신부입장을 할 때도, 양가 부모님께 인사를 하는 시간에도 눈물을 훔쳤지만 주례 목사님께서,

"기쁠 때나 슬플 때나 건강할 때나 병들었을 때나 내 몸처럼 사랑하고 존중히 여기고…."

라고 말씀하시면서 혼인 서약을 할 때는 너무 눈물이 났다.

'병들었을 때나' 이 대목에서 남편이 떠올랐기 때문이다.

한창 젊고 건강할 때 사랑하는 사람과 새 출발을 기대하는 저 자리에서 얼마나 많은 커플들이 슬플 때와 병들었을 때를 진지하게 생각해 볼 수 있었을까? 나도 당시엔 큰 무

게감 없이 '네'를 했었던 것 같다.

'설마, 우리 인생에 저런 일은 없겠지. 잘 피해가겠지.'

아마도 그렇게 생각하면서….

하지만 설마 했던 그 일이 우리 부부에게 일어났고 남편은 최선을 다해 병과 싸웠으며 나도 할 수 있는 최선을 다해 남편을 보살폈다.

어느 날 남편이 내게 미안하고 고맙다는 말을 하면서 '특히 아플 때 같이 있어 줘서 정말 고맙다'는 말을 했었다. 사랑한다는 말보다 더 큰 사랑 고백이었다.

2년여 투병 끝 무렵, 잘 생기고 젊었던 남편은 마치 노인의 모습처럼 변해 있었고 나도 살이 빠지고 초췌해진 모습이 되어 있었다. 그런데 우리 곁에서 우리와 함께 시간을 살아준 사람들이 우리 부부에게 '슬픈데 아름답다!'는 말을 여러 번 해줬었다. 이 반어적인 말을 이해할 수 있겠느냐면서….

슬픔과 아픔의 과정들을 겪으면서 고통 가운데 있는 사람들이 그제야 제대로 눈에 들어오기 시작했다. 평범한 일상을 누리지 못하고 고통으로 몸부림치며 하루하루를 살아내는 사람들을 바라보면서 나도 그 말의 의미를 이해하게 되었다. 그러면서 사람을 바라보는 눈이 마음에도 있다는 것을 알게 되었다.

'정말 슬픈데 아름답다!'

사랑의 파도가 슬픔을 삼켰다고 가슴 벅차게 깨달아지던 날의 '충만함' 아이오와를 떠날 때 느꼈던 '충만함' 이내 그 충만함이 밀려왔다.

'우리는 정말 사랑했고 그 사랑의 책임을 다했구나!'

그렇게 나는 잠시 눈물 속에서 생각에 잠겼다가 돌아왔다.

이젠, 새로운 출발을 시작하는 조카 커플의 힘찬 행진을 손바닥이 따갑도록 박수를 치며 축하해 주자.

"유림아, 잘 살아라! 주님의 이름으로 너희 두 사람을 사랑하고 축복한다!"

주님, 새로운 출발을 향해 첫걸음을 내딛는 저 커플을 축복해 주세요. 저의 회복의 걸음도 축복해 주세요.

꽃보다 아름다운

2024년 5월 16일 목요일

'미세 먼지 아주 좋음'

한국에 나오니 날씨 외에도 확인해야 하는 것이 있다. 매일은 아니더라도 어제같이 교회 어르신들과 야유회를 갈 때면 더욱 그렇다.

어제는 우리 교회에서 가장 연세가 많으신 마리아 여선교회에서 야유회를 가는데 권사님들이 나도 꼭 데려가야 한다고 하셔서 함께 다녀왔다. 일산에 있는 오리 구이집에서 점심을 먹고 호수 공원에 들러서 꽃 구경도 하고 사진도 찍고 산책도 했다. 나는 처음 가봤다.

꽃을 바라보고 내뱉는 권사님들의 감탄은 옥타브 하나가 더 올라가고 꽃 앞에서 사진을 찍어드린다고 하니 소녀 같은 수줍음도 묻어난다.

목사님이 곧바로 이어 외치신다.

"자, 꽃이 더 예쁜지 우리 권사님들이 더 예쁜지 볼까요?"

내가 듣기엔 너무 닭살 같은 멘트인데 권사님들은 소녀처럼 까르르 웃으며 좋아하신다. 그 모습에 나도 무장 해제가 되어 같이 웃는다.

교회는 강남 학원가 한복판에 있고 권사님들은 대부분 이제 외곽으로 이사를 가셨는데도 한 시간 혹은 그 이상의 시간을 들여 교회에 나오시고 여전한 믿음과 신앙으로 교회를 지키고 계신다. 대부분 재력도 좋으셔서 잘 사시고 호화로운 자녀들의 차도 있겠지만 해마다 교회에서 제공해 드리는 불편한 교회 차를 타고 이제는 오랜 친구가 되어버린 또래 권사님들과 봄나들이 꽃구경 가시는 것을 기다리신다고 한다.

나는 어느 권사님의 지팡이가 되어서 같이 걸었다. 시상식에서 여배우를 보필하는 남자 배우처럼 내 팔에 팔짱을 끼워드렸더니 다른 권사님들을 보시면서 "부럽지?" 하고 웃으신다. 그리고 권사님과 보조를 맞춰 천천히 걷는다. 화장실도 같이 가고, 먼저 나와서 기다렸다가 손 씻고 나오시는 권사님들께 로션 서비스도 해드렸더니 엄지 척을 하신다. 따로 사진도 찍자고 하시고….

"아직 애기여!"

이건 권사님들이 내게 하시는 말씀이다. 나이 50에 어디가서 이런 사랑을 받고 인기를 누리겠나? 예뻐해 주시고 위로해 주시는 엄마같은 권사님들께 너무 감사하다.

꽃이랑 권사님들이랑 누가 더 예쁘냐구요?

단연코 권사님들이 더 예쁘고 아름다우시다. 그분들의 주름에서 수많은 사연과 희생 그리고 헌신이 보이기 때문이다.

주님, 오늘 너무 즐거웠습니다. 권사님들이 좋아하는 친구분들과 해마다 꽃 구경하시면서 봄 햇살을 누리실 수 있도록 건강의 축복 더해주세요.

이해와 배려

2024년 6월 4일 화요일

화요일 평화로운 아침, 나는 미국에서든 여기에서든 틈만 나면 라디오를 켜놓고 있는데 오늘 아침엔 클래식을 틀어주는 시간에 이런 사연을 듣게 됐다.

사연을 보내신 분은 동생이 미국에서 온다고 하면서 글을 시작했다. 어느 날, 헤드폰을 끼고 있던 저자에게,
"음악을 듣는 거야?"라고 물었단다.
동생은 청각장애가 있다고 했다. 언니인 저자는 이렇게나 좋은 '음악'이라는 것을 동생에게 들려줄 수 없는 것이 안타깝고, 자신의 목소리는 어떨지부터 시작해서 세상의 소리들이 얼마나 궁금할까를 생각하니 마음이 너무 아팠다고 한다. 그리고 듣지 못하는 동생이 그런 부분 때문에 상처가 되지 않도록 생활할 때도 조심한다고 했다. 장애 때문에 미국 삶을 택했고 이제는 적응을 한 것 같지만 동생은

늘 고국을 그리워한다면서 글을 마쳤다.

　사연을 들으면서 여러 가지 생각이 들었다. 나도 찬양대
를 맡고 있는 지금 소리를 들을 수 있다는 것, 노래를 부를
수 있다는 것이 얼마나 감사한지, 하나님의 자녀로서 주님
을 찬양하는 자리에 서는 것이 얼마나 감사한지를 다시 한
번 돌아본다.
　장애인 가족을 둔 사람들, 아픈 가족을 둔 사람들은 세상
을 바라보는 시각이 다름을 보게 된다. 나도 아픈 남편을
돌보면서 세상을 바라보는 시각을 달리 갖게 되었다. 그 저
변에는 '이해와 배려'가 깔려있다.
　소리를 들을 수 있다는 평범함이 누군가에게는 절실함이
고, 건강해서 할 수 있는 모든 평범함이 누군가에게는 절실
함인 것을 느끼면서 감사를 배우고 겸손을 배운다.

　주님, 이해와 배려가 저 개인적인 깨달음으로 그치지 않
고 그것을 필요로 하는 다른 이들에게 실천하면서 살 수 있
기를 바래요. 아프거나 장애가 있는 사람들 외에 노인 어르
신들에게도 말이죠.

부르심

2024년 6월 29일 토요일

〈 아이오와 은혜교회 4대 목사님의 취임감사예배를 축하하며 〉

좋으신 목사님을 아이오와 은혜교회 4대 목사님으로 세워주신 하나님께 감사드리며, 교회를 위해 교단의 모든 절차를 성실히 이행하시고 감격스러운 자리를 맞게 되신 목사님께 진심어린 축하를 보냅니다. 이곳 한국에서도 올려주신 취임감사예배 영상을 보면서 같은 마음으로 축하했습니다.

그동안의 일들을 돌이켜 보면서 주님은 정말 교회를 기뻐하시고 우리를 사랑하시는 주님이심을 깨닫습니다.

이 땅의 사명을 마친 선임 나용호 목사님의 '천국으로의 부르심'과 새로운 사역을 향한 후임 목사님의 '사역으로의 부르심'은 교회를 위한 하나님의 예비하심이었음을 우리 모두가 경험했습니다. 또한 이 아름다운 세대교체가 이 땅의 많은 교회에 큰 귀감이 될 것이라 믿습니다.

한 사람의 신앙 여정 중에 섬기던 담임 목사님을 천국으로 보내드리고 좋은 담임 목사님을 새로이 맞이하는 일을 경험하는 것이 신앙인이라고 해도 누구에게나 다 주어지는 것은 아닌 것 같습니다. 그러기에 힘겨웠지만 그 한 가운데에서 이 일을 위해 함께 '부르심'을 받고 사명을 감당해낸 모든 사랑하는 성도님들은 은혜교회의 산증인이 되셨습니다. 이렇게 하나님은 우리 각 사람에게 맞는 부르심을 허락하셨습니다.

이제는 잊을 만도 한데 취임예배에서까지도 이처럼 순수한 눈물로 전임사역자의 이름을 불러주신 목사님 때문에 저도 울었습니다. 우리 사랑하는 은혜교회가 이후로는 정말 옛것은 보내고 새 부대에 담긴 포도주가 되어 4대 목사님과 함께 힘차게 새로운 도약을 향해 나아가는 교회가 되기를 바랍니다. 하나님께서 은혜교회에 품으신 큰 뜻이 성취되기를 위해서 함께 기대하며 기도하겠습니다.

목사님과 사모님 은혜교회 성도님들 모두를 사랑하며 축복합니다!

주님, 남편과 헤어진지 8개월 반이 지나고 있네요. 여전한 그리움 속에 그를 추억하지만 주님의 자녀로서 우리 모두가 소망하는 본향, 그곳에 남편이 있음을 믿기에 오늘도 보고픈 마음을 뒤로하며 하루를 살아갑니다.

그리고 부르심!

주님은 각 사람에게 맞는 부르심을 허락하셨습니다. 비교할 수도 따져 물을 필요도 없습니다. 창조주 하나님께서 피조물인 우리 각 사람에게 맞는 부르심을 주셨고 우리는 그 뜻에 순종합니다. 그것이 이 땅 가운데서 가장 잘 살다간 인생이겠지요!

이제는 저와 아이들을 향한 부르심에 집중하길 원합니다. 이렇게 주님의 은혜로 저와 아이들은 회복해 갈 것입니다. 남편이 투병할 때 큰 버팀목이 되어주었던 사랑하는 사람들의 기도와 사랑이 계속되고 있음도 봅니다. 얼마나 감사한지요. 그 사랑 때문에 다시 한번 일어서고 또 다른 새로운 미래를 기대할 수 있음을 봅니다. 제가 할 수 있는 것은 감사와 기도 그리고 순종뿐 임을 기억합니다.

감사합니다. 사랑합니다. 주님!

[마지막 책장의 페이지를 덮으며]

고등학교 때 처음 교회에 나가고 저는 참 많은 간증집을 읽었던 것 같습니다. 믿음의 가정에서 자라지 못한 저는 당시 성경 지식이 짧아 쉽게 읽어질 수 있는 간증집에서 하나님을 만나는 것이 신앙을 갖기에 조금 더 용이했었던 것 같습니다. 어쩌면 저는 수많은 간증집에서 결론으로 풀어낸 '우리의 기도에 응답하시는 전능하신 하나님' 거기에 간접적인 승리감을 느끼고 있었는지도 모르겠습니다. 마치 광야의 40년은 한 줄 문장으로 건너뛰어 버리고, 가나안에 입성한 환희에 찬 화려한 승리만을 그리면서 말입니다.

저는 이 책에서 어떠한 일들은 '우리의 기도대로 이루어지지 않는 것도 하나님의 응답이며 그분의 뜻이고 영광이라는 것' 그것을 말하고 싶었습니다. 한마디로 말하자면 저의 간증집은 누구나 바라는 해피엔딩으로 끝나고 있지

251

않다는 것입니다. 저도 사랑하는 저의 남편이며 아이들의 아빠이고 성도들에게 목사인 남편이 하나님의 은혜로 치유되기를 매일 매 순간 기도했고 낫게 해주시면 주님이 더 크게 영광 받으시는 것이라고 으름장을 놓기도 했습니다. 하지만 하나님은 우리 모두의 간절한 기도에 그렇게 응답하지는 않으셨습니다.

그동안 교회 안에서 학습된 신앙으로 제 머릿속에서만 알고 있던 저 '명제'가 이제 저의 가슴으로 내려와 온전히 깨달아지기를 바라는 마음으로 이 책을 내놓습니다. 어쩌면 이 책을 쓰려고 시작할 때까지도 저는 머리로만 그걸 되뇌고 있었는지도 모릅니다. 하지만 책을 쓰기 위해 다시 기억해내고 싶지 않은 일들을 떠올리고 마주하면서 제가 말하고 싶었던 저 깨달음이 조금씩 가슴으로 이해되기 시작했습니다. 그 안에는 고통만 있었던 것이 아니라 부르심을 받기까지 사명을 감당했던 '믿음'과 그 어느 공동체에서도 흉내 낼 수 없는 많은 사람의 '사랑과 헌신'도 있었음을 다시 한번 깨닫게 되었기 때문입니다.

오늘도 저는 '부르심을 받은 자의 사명'과 '남겨진 자'에 대해 묵상합니다. 남편은 극심한 통증 가운데서도 마지막까지 사역자로서의 사명을 다하고 부르심을 받았습니다.

그리고 남겨진 자. 저와 우리 아이들이 남겨진 자로서 이제 어떻게 살아가야 할지를 생각합니다. 이 책이 저와 아이들에게 그 해답으로 이를 수 있는 통로가 되어주기를 바랍니다. 또한 지금 이 시간에도 부르심의 사명을 감당하느라 몸부림치는 사람들과 고난의 터널을 지나고 있는 사람들에게 이 책이 하나님의 위로와 회복으로 이를 수 있는 다리가 되어지기를 간절한 마음으로 기도합니다. 우리의 회복은 계속 진행 중입니다. 잊지 말아야 할 것은, 어떻게 응답하시든 하나님은 우리의 하나님이시며 가장 좋은 것을 주시는 분이심을 기억했으면 합니다.

  마지막으로, 이 책이 나오기까지 기도와 사랑으로 함께 해주신 가족들, 특별히 책을 쓰는 동안 매주 제 방에 꽃을 바꿔 꽂아준 언니와 출판을 도와준 오빠 그리고 엄마가 책 쓴다고 좋아하며 응원해준 사랑하는 나의 두 아들 석준이와 현준이에게 깊은 감사와 사랑을 전합니다.

아픈 것도 사역이다

초판발행일 / 2024년 11월 8일

펴낸곳 / 파피루스 등록일 1996.2.9. 제80호
펴낸이 / 최동길 npapyrus@naver.com

지은이 / 최영훈
      e-mail
      godogu21@gmail.com
      facebook (@Young Hoon Choi)
      https://www.facebook.com/younghoonc1?mibextid=ZbWKwL
      blog
      https://m.blog.naver.com/godogu77
      instagram
      https://www.instagram.com/godogu21

ISBN 978-89-960309-1-1 (03230)